Aletha J. Solter

—

Auch kleine Kinder haben großen Kummer

Aletha J. Solter

Auch kleine Kinder haben großen Kummer

Über Tränen, Wut und andere starke Gefühle

Mit einem Vorwort von Thomas Gordon

Kösel

Übersetzung aus dem Amerikanischen von Karin Petersen, Berlin. Die Originalausgabe erschien unter dem Titel »Tears and Tantrums. What to Do When Babies and Children Cry« bei Shining Star Press, Goleta, Kalifornien.

Wenn Sie der Autorin schreiben wollen, schreiben Sie bitte an folgende Adresse:
Dr. Aletha J. Solter
c/o The Aware Parenting Institute / Shining Star Press
P.O. Box 206, Goleta, CA 93116, USA

Über folgenden Internetanschluss können Sie weitere Informationen über die Arbeit von Frau Dr. Solter einholen:
http://www.awareparenting.com
solter@awareparenting.com

FSC
Mix
Produktgruppe aus vorbildlich bewirtschafteten Wäldern und anderen kontrollierten Herkünften
www.fsc.org Zert.-Nr. GFA-COC-1278
© 1996 Forest Stewardship Council

Verlagsgruppe Random House FSC DEU-0100
Das für dieses Buch verwendete FSC-zertifizierte Papier *Munken Print* liefert Arctic Paper Munkedals AB, Schweden.

5. Auflage 2008

Umschlag: Elisabeth Petersen, München
Umschlagfoto: ZEFA/G. Baden
Druck und Bindung: Ebner & Spiegel, Ulm
Printed in Germany
ISBN 978-3-466-30516-2

www.koesel.de

**Was Seife für den Körper ist,
sind Tränen für die Seele.**

Jüdisches Sprichwort

Inhalt

Teil III:
Wenn Kinder weinen und wüten

Teil IV:
Praktische Anwendungen 157

Anhang 213

Vorwort von Dr. Thomas Gordon

Die Leserinnen und Leser dieses bahnbrechenden Buches können davon in vielerlei Hinsicht profitieren. Zunächst werden Sie feststellen, dass das Buch sich gut liest und der Inhalt leicht aufzunehmen ist. Beeindruckend ist auch, dass die Autorin Ihnen nicht ihre Meinung oder »Lieblingsrezepte« aufdrängt. Dabei ist Dr. Solter weltweit zweifellos *die* Expertin für die Entwicklung im frühen Kindesalter und das kindliche Weinen. Sie hat seit Jahren untersucht, warum Kinder weinen, was dabei körperlich mit ihnen geschieht und was ihre Eltern und andere Bezugspersonen tun sollten, um ihnen konstruktiv zu helfen, ihren Stress zu bewältigen.

Dieses Buch wird Sie ebenso überraschen wie mich. Die meisten von Ihnen werden erstaunt sein über den Rat, den Dr. Solter gibt: Lassen Sie zu, dass Ihr Baby weint (während Sie es halten), statt auf verschiedenste Weise zu versuchen, es davon abzuhalten. Dieses Buch wird Ihnen auch helfen, Kinder besser zu verstehen, weil die Autorin uns sowohl über die körperlichen Vorgänge beim Weinen von Kleinkindern als auch über deren Gründe für das Weinen aufklärt.

Dieses Buch wird Ihnen als Eltern oder Bezugsperson mehr Selbstvertrauen schenken, denn es bringt Ihnen bestimmte Fähigkeiten bei, die vor allem Möglichkeiten des konstruktiven Umgangs mit Tränen und Wutausbrüchen beinhalten. Diese neuen Fähigkeiten sind für alle Eltern wertvoll, da sie damit sowohl die körperliche als auch die psychische Gesundheit ihrer Kinder fördern. Dr. Solter weist nach, dass diese Kompetenzen außerdem Spannungen und Stress in Familien abbauen und damit verhindern, dass Eltern, die sich durch das beharrliche Weinen ihres Kindes oft provoziert fühlen und wütend werden, ihr Kind misshandeln.

Ich muss unbedingt persönlich betonen, wie wichtig es ist, dass Dr. Solter immer wieder ausführt, wie das Weinen von Babys deren einzige Möglichkeit ist, den Eltern *mitzuteilen*, dass sie *Schwierigkeiten* haben. Das ist ein Schlüsselelement meines eigenen Modells der Eltern-Kind-Beziehung, das ich auch in meinem Buch *Familienkonferenz* und den entsprechenden Kursen beschreibe. Dort weise ich jeweils darauf hin, von welch entscheidender Bedeutung es ist, dass Eltern erkennen, wann Kinder ein Problem »haben«. Genau dann sollten Eltern mit Wärme und Anteilnahme so zuhören, wie es auch Dr. Solter empfiehlt. Wir möchten sowohl Eltern als auch anderen Bezugspersonen dringend davon abraten, das Kind mit ihren persönlichen Mitteln am Weinen hindern zu wollen. Vertrauen Sie stattdessen darauf, dass Kinder innere Ressourcen für den Umgang mit ihren Problemen haben.

Dr. Solter drängt darauf, dass Eltern auf das Weinen und Wüten ihres Kindes nicht reagieren, indem sie nach Lösungen oder »Regelungen« suchen, die das Weinen unterbinden sollen: sei es füttern, wiegen, singen oder dem Kind einen Schnuller in den Mund stecken. In meiner *Familienkonferenz* lege ich Eltern ebenfalls nahe, dem Kind »das Problem zu lassen« und zu vermeiden, was ich als »kommunikative Sackgassen« bezeichne. Eltern sollten vielmehr lernen aktiv zuzuhören, was Kindern hilft, selbst Lösungen für ihre Probleme zu finden. Auch Dr. Solter betont, dass Eltern dem Kind zuhören und sein Weinen akzeptieren sollten.

Ebenso wie ich warnt auch Dr. Solter vor *jeder Art* von Strafen. Wir stimmen beide darin überein, dass Weinen und Wüten ein echtes Bedürfnis darstellen und niemals als »Fehlverhalten« betrachtet werden sollten.

Die Autorin führt viele Beispiele aus dem Leben an, die ihre Überzeugungen belegen und bestätigen und auch die Ratschläge bekräftigen, die sie Eltern gibt. So wird Ihnen klarer, aus welch zahlreichen verschiedenen Gründen Kinder wei-

nen und was Eltern tun können, um sie in entsprechenden Situationen zu unterstützen, *ohne* dass sie versuchen, die Kinder am Weinen zu hindern. Ein Beispiel ist ihr Rat, Kinder zu halten, um zu vermeiden, dass sie gegen jüngere Geschwister gewalttätig werden, statt sie zu bestrafen – was selbst ein gewalttätiger Akt wäre. Ich war beeindruckt von Dr. Solters Äußerung, dass »Kinder unsere Liebe und Aufmerksamkeit dann am meisten brauchen, wenn sie sie durch ihr Verhalten scheinbar am wenigsten verdienen«.
Schließlich wird dieses Buch noch wertvoller dadurch, dass Dr. Solter am Ende aus den Rückmeldungen zitiert, die sie von Eltern und Lehrern erhalten hat, welche ihre Bücher gelesen oder von ihren Workshops profitiert haben. Sie als Leserinnen und Leser werden es begrüßen, sowohl die positiven Erlebnisse dieser Menschen als auch ihre am häufigsten gestellten Fragen zu erfahren.

Dr. Thomas Gordon,
Begründer des Gordon Training International und
Autor der *Familienkonferenz*

Warnender Hinweis

Dieses Buch ist als Erziehungshilfe gedacht und kann kein Ersatz für psychologische oder medizinische Beratung oder Behandlung sein. Viele der Verhaltensweisen und Symptome, die hier erläutert werden (einschließlich des Weinens und Wütens), können ein Hinweis auf ernsthafte emotionale oder körperliche Probleme sein. Ich rate Eltern und Lehrern, jedes Mal, wenn Kinder Verhaltensprobleme oder emotionale Schwierigkeiten haben oder der Verdacht auf Schmerzen oder Krankheiten besteht, kompetenten ärztlichen Rat zu suchen. Weinen und Wüten können auch anzeigen, dass ein Kind unter einem schweren Trauma wie einem Missbrauch leidet. Darüber hinaus können die in diesem Buch vorgeschlagenen Methoden nicht auf *alle* Situationen übertragen werden und sich auch nicht für Kinder eignen, die an speziellen körperlichen oder emotionalen Problemen leiden. Bestimmte Therapien werden in diesem Buch lediglich der Information halber erwähnt, und nicht, weil die Autorin sie empfiehlt. Einige Therapieformen können sogar gefährlich sein, wenn sie von Therapeutinnen oder Therapeuten durchgeführt werden, die nicht gründlich ausgebildet sind. Wenn Sie erwägen, für sich oder Ihr Kind einen Therapeuten zu suchen, empfehle ich Ihnen, dessen Referenzen sorgfältig zu überprüfen.

Die Autorin und der Verlag sind weder haftbar noch verantwortlich für Schäden, die von Personen oder Gruppierungen aufgrund der Informationen in diesem Buch direkt oder indirekt verursacht oder angeblich verursacht werden.

Teil I

Einige Informationen über Tränen und Wutausbrüche

Einführung: Ein großes Missverständnis

Tränen und Wutausbrüche gehören zu den kindlichen Verhaltensweisen, die Eltern die meisten Schwierigkeiten bereiten. Tatsächlich stellen Erwachsene mehr Fragen zu diesem Thema als zu irgendeinem anderen. Oft stehen Eltern vor einem Rätsel, wenn ihr Baby nachts weinend aufwacht, wenn ihr Zweijähriger Wutanfälle bekommt oder ihre Vierjährige den ganzen Tag heult. Eltern fragen sich, wie sie sich am besten verhalten sollen, wenn ihre Kinder in Tränen ausbrechen. Soll man das Kind beruhigen, ignorieren, ablenken, bestrafen, ihm »nachgeben« oder mitfühlend zuhören? Manche Eltern befürchten, das Weinen sei ein Zeichen für die mangelnde Reife des Kindes oder dafür, dass es die Eltern ablehnt, manipulieren will oder schlichtweg »verzogen« ist.

Ich beschäftige mich seit rund 25 Jahren mit diesem Thema und habe einige interessante Entdeckungen in Bezug auf die Frage gemacht, welche Rolle das Weinen in der gesunden Entwicklung des Kindes spielt. In meinen beiden früheren Büchern *Warum Babys weinen* (von der Geburt bis zum Alter von zwei Jahren) und *Wüten, toben, traurig sein* (von zwei bis acht Jahren) habe ich ein bestimmtes Umgehen mit der Elternrolle beschrieben, das ich als »bewusste Erziehung« bezeichne. Es kombiniert liebevolles Bindungsverhalten der Eltern mit Verzicht auf Strafen und dem Akzeptieren emotionaler Entlastung (insbesondere in Form von Weinen). Beide Bücher wurden in mehrere Sprachen übersetzt, und ich habe bis jetzt in acht verschiedenen Ländern Workshops für Eltern und professionelle Erzieher geleitet. Das Interesse an meinen neuartigen Ideen zum Weinen war so

groß, dass ich meine Kenntnisse schließlich in dem vorliegenden Buch zusammengefasst habe.
Lange gab es hinsichtlich der Bedeutung und Funktion von Tränen und Wutausbrüchen ein grundlegendes Missverständnis. Im Mittelalter herrschte in Europa die Meinung vor, Kinder, die viel weinten oder wüteten, seien vom Teufel oder einem bösen Dämon besessen. Die einzige »Behandlung« bestand darin, den Priester zu bitten, durch einen Exorzismus den Teufel oder Geist auszutreiben.
Im Laufe des 18. Jahrhunderts wandelte sich diese Einstellung allmählich. Tränen und Wutanfälle wurden zwar immer noch als »böse« betrachtet, aber man gab jetzt zunehmend den Eltern die Schuld, denen man nachsagte, sie seien zu nachgiebig und hätten das Kind »verzogen«. Man riet ihnen, das Kind für seine »Ungezogenheit« zu bestrafen oder ihm zumindest nicht »nachzugeben«. In Erziehungsratgebern aus dem 18. Jahrhundert und bis weit ins 20. Jahrhundert hinein heißt es, man müsse »den Willen des Kindes brechen«, damit es fügsam und gehorsam werde. Als Beispiel zitiere ich aus einem 1748 in Deutschland veröffentlichten Buch:

Weinen – eine Unart »frecher« Kinder?

Was nun den *Eigensinn* betrifft, so äußert sich derselbe als ein natürliches Mittel gleich in der ersten Kindheit, sobald die Kinder ihr Verlangen nach etwas durch Gebärden zu verstehen geben können. Sie sehen etwas, das sie gern haben möchten; sie können es nicht bekommen, sie erbosen sich darüber, schreien und schlagen um sich. Oder man gibt ihnen etwas, das ihnen nicht ansteht; sie schmeißen es weg und fangen an zu schreien. Das sind *gefährliche Unarten*, welche die ganze Erziehung hindern und nichts Gutes bei den Kindern aufkommen lassen. Wo der Eigensinn und die Bosheit nicht vertrieben werden, da kann man unmöglich einem Kinde eine gute Erziehung geben. Sobald sich also diese Fehler bei einem Kind äußern, so ist es hohe Zeit, *dem Übel zu wehren*, damit es nicht durch die Gewohnheit hartnäckiger und die Kinder ganz verdorben werden.[1]

Noch heute vertritt eine erstaunliche Zahl von Erziehungsratgebern die gleiche Auffassung. Die Autoren behandeln Wutanfälle im gleichen Atemzug mit anderen »Unarten«, zum Beispiel Schlagen, Beißen, Lügen und Stehlen, und raten den Eltern, derartige Ausbrüche zu ignorieren oder zu bestrafen. Im besten Falle wird den Eltern empfohlen, ihren Kindern zu helfen, Wünsche und Gefühle lieber mit Worten als mit Tränen und Wüten auszudrücken, was als unreif und unerwünscht gilt. Immer noch wird Babys unterstellt, sie wollten mit ihrem Weinen die Eltern »manipulieren«. Viele Psychologen und Ärzte raten den Eltern nach wie vor, das Weinen ihres Babys zu ignorieren, um ihm diese Gewohnheit auszutreiben und ihm beizubringen, sich selbst zu beruhigen.

Das andere Extrem zeigt sich in der relativ jungen »Zurück-zur-Natur-Bewegung«, die den Eltern empfiehlt, auf jeden Schrei mit liebevoller Zuwendung zu reagieren und das Baby durch Stillen oder Wiegen zur Ruhe zu bringen. Die Verfechter dieses Vorgehens wenden sich zu Recht gegen die jahrhundertealten Erziehungsratschläge, die Kindern Schaden zufügten. Trotzdem übersieht auch dieser Ansatz, so liebevoll er scheinen mag, eine wichtige Funktion des Weinens. Außerdem belastet er die Eltern über Gebühr, indem er sie glauben macht, es sei ihre Aufgabe, Babys und Kinder am Weinen zu hindern.

Tränen und Wutanfälle helfen seelische Spannungen abzubauen

In diesem Buch vertrete ich eine völlig neue Einstellung gegenüber Tränen und Wutanfällen, die einen Durchbruch im Verständnis kindlicher Bedürfnisse und Emotionen darstellt. Am besten ist, wenn man weinende und schreiende Babys und Kinder niemals ignoriert. Wir sollten auf ihre Ausbrüche immer mit liebevoller Zuwendung reagieren. *Trotzdem ist nicht jeder Tränenausbruch ein Zeichen für ein unbefriedigtes Bedürfnis.* Oft stellt das Weinen einen natürlichen Entspannungsmechanismus dar, mit dem

Kinder sich selbst von Angst einflößenden oder frustrierenden Erfahrungen heilen, die sie kurz zuvor gemacht haben. Kinder benutzen Tränen und Wutanfälle, um Traumata zu bewältigen und Spannungen abzubauen. Schreien und Wüten sollten deshalb nicht unterbunden werden, denn diese Verhaltensweisen gehören von Geburt an zu den kindlichen Grundbedürfnissen.

Es kann ausgesprochen wohltuende Folgen haben, wenn wir die heilsame Wirkung von Tränen und Wutausbrüchen verstehen. Wir helfen Kindern damit nicht nur, Traumen zu bewältigen und Stress abzubauen, sondern tragen auch entscheidend zur Verhütung von Disziplinproblemen, Hyperaktivität und schädlichen Verhaltensweisen (Gewalt) gegenüber anderen bei. Außerdem unterstützt Weinen die physische und psychische Gesundheit und verbessert die Konzentration und Lernfähigkeit. Ein weiterer positiver Effekt dieser verständnisvollen Haltung ist, dass sie bei Schlafproblemen helfen kann (ohne das Kind zu ignorieren). Und nicht zuletzt fördert das Zuhören bei Tränenausbrüchen und Wutanfällen die Eltern-Kind-Beziehung.

Mit diesem Buch möchte ich Eltern und anderen Bezugspersonen kleinerer Kinder helfen, deren Weinen und Schreien zu verstehen, richtig zu interpretieren und darauf so zu reagieren, dass das Kind in seiner Entwicklung optimal gefördert wird. Ich werde mich mit den Ursachen von Stress befassen, die dem Bedürfnis zu weinen zugrunde liegen, sowie mit den Verhaltensweisen, mit denen Erwachsene dieses Weinen gewöhnlich unterdrücken. Und ich werde Wege vorschlagen, mit denen wir das Weinen als wichtige Form der emotionalen Entspannung fördern können. Ich beziehe meine Informationen aus vielfältigen Quellen, die sowohl psychologische, biochemische, physiologische und interkulturelle Untersuchungen als auch die persönlichen Erfahrungen von Eltern und Lehrern einbeziehen.

Wutanfälle und Tränenausbrüche von Kindern lösen bei Erwachsenen außerordentlich starke Gefühle aus. Bei einer

Umfrage in den Vereinigten Staaten wurden junge Mütter gebeten zu beschreiben, was sie empfanden, wenn es ihnen nicht gelang, ihr weinendes Kind zu beruhigen. Die Mütter verspürten Wut, Angst, Besorgnis, sie empfanden sich als lieblos, waren verärgert und durcheinander. Viele hatten ein geringes Selbstbewusstsein. Manche entwickelten sogar extreme Feindseligkeit gegenüber ihrem Kind.[2] Eine Untersuchung in England und Australien erbrachte ähnliche Ergebnisse. In dieser Studie erwähnten 80 Prozent der Mütter, deren Babys über längere Zeit weinten, dass sie sich niedergeschlagen fühlten, und 50 Prozent hatten das starke Bedürfnis, ihre Kinder zu schlagen.[3]

Es überrascht also nicht, dass ein Zusammenhang zwischen Wutausbrüchen, Weinen und Kindesmisshandlung existiert.[4] In einer Untersuchung über geschlagene Kinder gaben 80 Prozent der Eltern an, dass das exzessive Schreien ihres Kleinkindes die Misshandlung ausgelöst habe.[5] Auch nach dem ersten Lebensjahr ihres Kindes geraten viele Eltern noch immer sehr schnell aus der Fassung, wenn es weint oder wütet, besonders dann, wenn der Grund für diesen Ausbruch unklar bleibt oder durch den auslösenden Anlass nicht gerechtfertigt scheint. Manche Eltern verspüren in solchen Situationen einen starken Drang, ihr Kind zu bestrafen.

Eltern brauchen präzise Informationen, Bestätigung und konstruktive Vorschläge, wie sie mit den emotionalen Ausbrüchen ihrer Kinder umgehen können. Das wird wesentlich dazu beitragen, dass die Häufigkeit von Kindesmisshandlung abnimmt und das Familienleben sich harmonischer gestaltet. Auch Lehrer, Erzieher und andere Bezugspersonen können von diesen Erkenntnissen profitieren.

Mein Buch gliedert sich in vier Teile. In Teil I gebe ich einige grundsätzliche Informationen über die stresslösende Funktion von Tränen und Wutanfällen. Ich fasse den Forschungsstand über die physiologischen und psychologischen

Vorteile zusammen und schildere dann den Nutzen des Weinens in der Kindertherapie und die Unterschiede des Weinens bei Männern und Frauen. Außerdem stelle ich die Wirkungsmechanismen von Unterdrückung und Kontrollmustern vor.

Teil II behandelt das Weinen von Säuglingen bis zum Alter von einem Jahr, Teil III das Weinen und Wüten von Kindern zwischen einem und acht Jahren.

In Teil IV zeige ich praktische Anwendungsmöglichkeiten für mein Konzept auf, wobei die Betonung darauf liegt, eine emotional sichere und stabile Atmosphäre für Kinder zu schaffen. Ich beschäftige mich auch mit den Gefühlen, die Tränen und Wutanfälle von Kindern bei Erwachsenen auslösen, ebenso mit den Schritten, die Erwachsene unternehmen können, um mehr Toleranz zu entwickeln. Hier finden Sie auch Erfahrungsberichte von Eltern, die nach meinem Ansatz vorgehen. In einem weiteren Abschnitt beantworte ich die Fragen, die mir in meinen Workshops von Eltern und Lehrern am häufigsten gestellt werden. Das Buch schließt mit Ratschlägen für professionelle Helfer, die Eltern auf diesem Weg unterstützen wollen.

Ich hoffe, dass dieses Buch Eltern hilft, ihre Kinder und sich selbst besser zu verstehen, und so zu einer glücklicheren und friedlicheren Welt beiträgt.

Im Folgenden fasse ich die wichtigsten Punkte noch einmal zusammen:

Zusammenfassung der wichtigsten Punkte

- Alle Kinder erleben Stress, ganz gleich, wie liebevoll ihre Eltern mit ihnen umgehen. Eine wichtige Funktion von Wutanfällen und Tränen besteht darin, Stress abzubauen und die emotionale Heilung zu fördern.
- Erwachsene missverstehen das Weinen ihres Kindes oft und versuchen es zu unterdrücken, weil es ihren eigenen verdrängten Stress und ihr Bedürfnis zu weinen wieder ins Bewusstsein ruft. Diese Unterdrückung des Weinens wird von Generation zu Generation weitergegeben.
- Als Reaktion auf eine Umgebung, in der Weinen nicht akzeptiert wird, entwickeln Kinder bestimmte strenge Verhaltensmuster, um ihr eigenes Weinen zu unterdrücken.
- Eine derartige Unterdrückung des Weinens führt zu emotionalen Problemen und Verhaltensstörungen. Die Kinder können ihr volles Potenzial nicht ausschöpfen und entwickeln später stressbedingte Krankheiten.
- Diese negativen Konsequenzen können in positive umgewandelt werden, wenn Erwachsene sich die Vorteile des Weinens klarmachen, ihre eigenen Gefühle wieder zulassen und ihren Kindern jene emotionale Sicherheit vermitteln, die sie brauchen, um weinen zu können und die Auswirkungen von Stress zu überwinden.

Stressbewältigungsmechanismen von Kindern

Um Tränen und Wutausbrüche richtig zu verstehen, müssen wir wissen, welchen Formen von Stress Kinder in ihrem Leben ausgesetzt sind. »Stress« ist ein gebräuchliches Wort – wir alle fühlen uns gelegentlich »gestresst«. Trotzdem vergessen wir oft, dass auch Babys und Kinder schon Stress erleben.

Physiologen definieren alles als Stress, was den Körper aus seinem natürlichen Gleichgewicht bringt. Dieses Gleichgewicht entspricht dem Ruhezustand des Körpers, wenn nichts Bedrohliches oder Ungewöhnliches geschieht. Man nennt dies »Homöostasis« oder »Homöostasie«. Stress ist also alles, was die Homöostasis des Körpers stört.

Die Auslöser für Stress nennen wir »Stressoren«. Davon gibt es zwei Arten: physische und psychische. *Physischer Stress* wird von Stressfaktoren verursacht, die körperlich traumatische Erlebnisse beinhalten wie zum Beispiel ein Armbruch oder ein Schnitt in den Finger. Auch starker Hunger kann ein Stressor sein. *Psychischer Stress* (auch emotionaler Stress genannt) wird von Stressoren wie finanziellen Problemen, einem Streit mit unserem Partner oder einer bevorstehenden Prüfung ausgelöst.

Physische und psychische Stressfaktoren

Die Ursachen für psychischen Stress bei Kindern sind ganz andere als die bei Erwachsenen. In meinen Workshops pflege ich die Teilnehmerinnen und Teilnehmer zu bitten, spezielle Stressfaktoren für Kinder aufzuzählen. Sie werden nachfolgend aufgelistet. All diese Stressoren machen Kinder verstört, ängstlich, verwirrt, frustriert, wütend, misstrauisch, traurig oder enttäuscht.

Die häufigsten Stressquellen für Säuglinge und Kinder

Verletzung durch Personen (direkte Verletzungen):

- Physischer, sexueller, verbaler oder emotionaler Missbrauch
- Respektloser Umgang (zum Beispiel Beleidigungen, Lügen)
- Autoritäre Erziehung (einschließlich aller Arten von Strafen)
- Leistungsdruck (Druck zu lernen, öffentlich aufzutreten oder zu konkurrieren)
- Unrealistisch hohe Erwartungen seitens der Erwachsenen
- Unterdrückung oder Ablehnung schmerzlicher Gefühle
- Bedingte Liebe oder Aufmerksamkeit (abhängig vom Verhalten des Kindes)
- Rassismus, Sexismus

Verletzung durch Mangel (unbefriedigte Bedürfnisse):

- Physische oder emotionale Vernachlässigung
- Mangelnder Körperkontakt (kaum gehalten zu werden)
- Aufschiebung oder Fehlinterpretation von Bedürfnissen
- Mangel an Gelegenheiten, Zuneigung herzustellen
- Mangel an Aufmerksamkeit, Mitgefühl oder einfühlsamem Verständnis
- Mangel an Anreizen

- Mangel an Selbstständigkeit
- Nicht eingelöste Versprechen
- Mangel an Information, unbeantwortete Fragen

Situationsbedingte Verletzungen (indirekte Verletzungen, bedingt durch Lebensumstände):

- Pränatales oder Geburtstrauma
- Krankheiten, Verletzungen, ärztliche Behandlungen
- Beständig fehlende Bindungen (durch Trennung oder Tod)
- Kurze Trennungen (abhängig vom Alter des Kindes)
- Überreizung
- Entwicklungsbedingte Frustrationen und Ängste
- Unvermeidliche Einschränkungen
- Einschneidende Veränderungen der Lebensumstände (zum Beispiel neue Geschwister, Wohnung oder Schule)
- Stress bei den Eltern (zum Beispiel Angst, Trauer, Wut, Krankheit)
- Streit der Eltern, Trennung oder Scheidung
- Alkohol- oder Drogenmissbrauch der Eltern
- Gestörtes Familiensystem
- Naturkatastrophen (zum Beispiel Feuer, Überschwemmung, Erdbeben)
- Erlebnisse mit Gewalt (reale oder in den Medien)
- Andere Angst einflößende Erlebnisse
- Enttäuschungen oder unerwartete Ereignisse
- Streit mit Geschwistern oder anderen Kindern

Wir sollten alles tun, den Stress im Leben unserer Kinder zu verringern. Das ist nicht immer leicht, denn die Ursachen für Stress sind oft nicht auf den ersten Blick zu erkennen. Manche Kinder sind sensibler als andere, und der gleiche Vorfall, wie etwa eine Änderung der täglichen Routine, kann das eine Kind zutiefst verstören, während ein anderes sich dadurch kaum beeinträchtigt fühlt. Als Erwachsene müssen wir die Gedankengänge, Gefühle und Bedürfnisse jedes einzelnen Kindes genau beobachten und unser Möglichstes tun, um dem Kind das Leben erträglich und verständlich zu machen.

Kindern helfen, mit Stress umzugehen

Aber wir sollten uns auch darüber im Klaren sein, dass nicht jeder Stress vermieden werden kann. Wir können unsere Kinder nicht vom Leben fern halten, und Lernen und Heranwachsen beinhalten immer auch ein gewisses Maß an Schmerz und Frustration. Als ich zum ersten Mal Mutter wurde, hielt ich es für meine Aufgabe, meinen Sohn vor allem Schlechten und Bösen in der Welt zu beschützen. Das ist zwar bis zu einem gewissen Punkt richtig, aber ich musste bald feststellen, dass es unrealistisch war. Mir wurde klar, dass ich schnell meine ganzen Kräfte verbrauchen würde, wenn ich versuchte, diese selbst gestellte Erwartung zu erfüllen. Es war nicht unbedingt und in jedem Fall meine Aufgabe als Mutter, meine Kinder vor Schmerz, Schwierigkeiten oder Frustrationen zu bewahren, sondern ihnen zu helfen, mit den daraus resultierenden Gefühlen fertig zu werden.

Glücklicherweise können Kinder Stress mit Hilfe bestimmter Entspannungsmechanismen sehr gut bewältigen. Dafür stehen ihnen vier grundlegende Möglichkeiten zur Verfügung: Reden, symbolisches Spiel, Lachen – und Weinen (Wutausbrüche eingeschlossen).

Reden

Hört man ihnen nur aufmerksam zu, erzählen Kinder, was sie beschäftigt und beunruhigt. Auch Erwachsene tun das. Jeder Mensch hat das Bedürfnis, traumatische Ereignisse im Gespräch zu verarbeiten, und wir alle brauchen Zuhörer. Je jünger das Kind, desto unwahrscheinlicher ist es allerdings, dass es diesen Stressbewältigungsmechanismus wählt, und einem Säugling steht diese Möglichkeit natürlich nicht zur Verfügung.

Symbolisches Spiel

Das symbolische Spielen beginnt etwa im Alter von zwei Jahren.[6] Bei dieser Art Spiel stellen Kinder mit Hilfe von Puppen und anderen Gegenständen Szenen aus ihrem Leben nach. Mit zunehmendem Alter gestaltet das Kind sein Spiel immer komplexer.

Durch symbolisches Spielen verarbeiten die Kinder oft traumatische Erlebnisse. Ein Beispiel: Der Vater eines kleinen Jungen hatte einen Autounfall und musste ins Krankenhaus. Sein kleiner Sohn könnte die Szene mit Spielzeugautos nachspielen, um zu verstehen, was passiert ist, und den beunruhigenden Vorfall verarbeiten zu können.

Macht ein Kind eine traumatische Erfahrung, ist es äußerst hilfreich, wenn ein aufmerksamer Erwachsener das Kind beobachtet und ihm zuhört, Mitgefühl und Verständnis zeigt und die Gefühle des Kindes akzeptiert. Die therapeutische Wirkung derartiger Spiele ist seit Jahrzehnten bekannt. Viele Psychologen setzen das symbolische Spielen in der Therapie mit Kindern ein und helfen ihnen so, Traumen zu bewältigen und Angst, Trauer und Wut zu verarbeiten.[7]

Lachen

Das bewusste Lachen setzt etwa im Alter von fünf Monaten ein. Kinder lachen vor allem, um Ängste zu überwinden und Verlegenheit zu überspielen. So kann zum Beispiel das »Guck-guck-Spiel« therapeutisch eingesetzt werden, um Babys bei der Überwindung ihrer Trennungsängste zu helfen. Wenn der Erwachsene sich abwechselnd versteckt und wieder auftaucht, lacht das Baby und löst auf diese Weise die Spannung, die auf seiner Angst vor der Trennung beruht. Das »Guck-guck-Spiel« ist am wirkungsvollsten nach dem sechsten Lebensmonat, wenn gewöhnlich die ersten Trennungsängste auftreten.
Die Wissenschaft hat festgestellt, dass Lachen sehr wohltuend ist und positive körperliche Auswirkungen hat.[8] Dieser wichtige Heilungsmechanismus wird von Erwachsenen meist ohne weiteres toleriert, obwohl die meisten Menschen nicht um die therapeutische Wirkung des Lachens wissen.

Weinen und Wüten

Weinen und Wüten sind wichtige Stressbewältigungsmechanismen, die uns von Geburt an zur Verfügung stehen. Empfindet ein Kind emotionalen Schmerz, ist seine erste natürliche Reaktion das Weinen. Geht beispielsweise seine Lieblingspuppe kaputt, wird es spontan in Tränen ausbrechen. Dieses Weinen ist eine wichtige und gesunde Form der Entspannung, die positive körperliche und psychische Auswirkungen hat. Viele Erwachsene wissen das und können einem weinenden Kind in solchen Situationen liebevolle Unterstützung anbieten.
Es gibt aber auch schwierigere Umstände. Wenn ein Kind zum Beispiel einen Wutanfall bekommt, weil man ihm kein Eis kaufen will, oder ein Baby mehrmals pro Nacht weinend aufwacht. In diesen oder ähnlichen Situationen sind Eltern,

Erzieher und Lehrer oft für jeden Ratschlag dankbar und genau solche Hilfen möchte ich Ihnen in diesem Buch anbieten.
Ziehen Sie immer die Möglichkeit in Betracht, dass ein weinendes Kind körperliche Schmerzen hat. Erweist sich dieser Verdacht als begründet, nehmen Sie bitte ärztliche Hilfe in Anspruch.
Weinen ist aber auch ein mögliches Anzeichen für schweren Stress[9] und ich möchte allen Eltern, Erziehern und Lehrern dringend nahe legen, mögliche Stressquellen im Leben ihrer Kinder stets im Auge zu behalten. Trotzdem wird das Weinen immer noch oft als lästiger Nebeneffekt von Stress betrachtet, und viele Erwachsene sind der falschen Überzeugung, die Kinder würden sich besser fühlen, wenn sie aufhörten zu weinen. Das ist schlichtweg falsch. Ganz gleich, was den Stress ausgelöst hat, *das Kind fühlt sich erst dann besser, wenn man ihm erlaubt hat, so viel zu weinen und zu wüten, wie es seinem Bedürfnis entspricht.*
Es gibt noch einige zusätzliche Mechanismen zur Stressbewältigung wie zum Beispiel Gähnen, Zittern und Schwitzen. Obwohl weniger offensichtlich, sind sie genauso wichtig wie Weinen und Wüten. Manchmal begleiten sie auch das Lachen oder Weinen des Kindes.

Die Physiologie von Stress und Weinen

Weinen hat viele positive physiologische Auswirkungen. Um sie zu verstehen, ist es wichtig zu wissen, was in Stresssituationen in unserem Körper passiert.

Die Stressreaktion

Unser Körper reagiert auf alle möglichen unterschiedlichen Formen von Stress gleich, ob diese nun körperlich bedingt sind, wie ein gebrochener Zeh, oder psychischer Natur sind, wenn wir zum Beispiel von der schweren Krankheit eines Freundes erfahren. Diese physiologische Reaktion auf Stress nennen wir »Stressreaktion«. Sie soll uns helfen, mit kritischen Situationen fertig zu werden. Im Falle einer plötzlichen körperlichen Bedrohung kann die Stressreaktion lebensrettend sein. Manchmal, und das gilt besonders für chronischen psychischen Stress, kann derselbe Mechanismus allerdings auch einen negativen Effekt haben und uns sogar krank machen.

Ich fasse im Folgenden vereinfacht zusammen, wie die Stressreaktion verläuft. Der Hypothalamus im Gehirn beginnt Alarmsignale auszusenden, die zwei verschiedene Systeme des Körpers anregen: das sympathische Nervensystem und die Hirnanhangsdrüse (Hypophyse).

Das sympathische Nervensystem bereitet den Körper darauf vor zu handeln, indem es die Pupillen erweitert, den Herzschlag beschleunigt, den Blutdruck erhöht und Blut von den Verdauungsorganen in die Muskeln umleitet. Dieser Effekt ist allgemein als »Flucht- oder Angriffsreaktion« bekannt.

Das Nervensystem kommuniziert mit den einzelnen Organen mit Hilfe zweier chemischer Substanzen namens Epinephrin und Norepinephrin (auch bekannt als Adrenalin und Noradrenalin). Diese beiden Substanzen gehören zur chemischen Stoffklasse der Katecholamine. Wenn Sie plötzlich beunruhigt oder aufgeregt sind, fühlen Sie oft, wie Ihr Magen sich verkrampft. Dabei handelt es sich um die Wirkung von Epinephrin (Adrenalin).

In Stresssituationen wird auch die Hirnanhangsdrüse aktiviert, was zur Produktion bestimmter Hormone führt. Zunächst schüttet die Hirnanhangsdrüse ein Hormon namens ACTH (adrenocorticotropes Hormon) aus, das dann in den Blutkreislauf gelangt. Innerhalb weniger Minuten regt dieses Hormon eine weitere Drüse des Körpers an, die Nebennierenrinde, welche zusätzliche Hormone, die Glukokortikoide, freisetzt. (Eine synthetische Form der Glukokortikoide ist Kortison, das in der Medizin zur Behandlung von Entzündungen verwendet wird.) Diese Hormone beeinflussen zahlreiche Körperteile, immer mit dem Ziel, dem Körper zu helfen, die kritische Situation zu bewältigen. Die Hauptfunktion der Glukokortikoide besteht darin, die Energiereserven des Körpers zu mobilisieren, um einer Stresssituation entgegentreten zu können.

Sympathisches Nervensystem und Hirnanhangsdrüse

Normalerweise veranlasst eine erhöhte Glukokortikoidkonzentration im Blut die Hirnanhangsdrüse, die Produktion von ACTH zu drosseln. Dieser Mechanismus hilft der Produktion von überschüssigem ACTH vorzubeugen. Allerdings kann zusätzlicher Stress diesen hemmenden Effekt aufheben und die Hirnanhangsdrüse anregen, noch mehr ACTH zu produzieren, was wiederum die Produktion weiterer Glukokortikoide auslöst. Die Konzentration von Kortisol, einem der Glukokortikoidhormone im Blut, wird allgemein als Gradmesser für Stress benutzt.

Diese Stressreaktion eignet sich hervorragend für Situationen, in denen es beispielsweise darum geht, vor einem Säbelzahntiger zu fliehen. Unsere prähistorischen Vorfahren machten die meisten Stresserfahrungen in Situationen, in denen ihre körperliche Sicherheit konkret bedroht war. Jede potenzielle Gefahr machte es notwendig, aktiv zu werden und Kraft aufzuwenden, etwa um wegzurennen oder sich im Kampf zu verteidigen.
Als sich der Neocortex, ein Teil der Großhirnrinde, entwickelte, gewannen wir die Fähigkeit zu komplexem Denken, Vorstellungsvermögen, Gefühlen von Liebe und Mitgefühl und bewusster Wahrnehmung. Andererseits wurden wir damit aber auch empfänglich für verschiedene Arten von emotionalem Stress wie Trauer, Schuldgefühle und Angst aufgrund von vorgestellten zukünftigen Ereignissen, was im Tierreich unbekannt ist. Außerdem erhöhte sich durch die lange Zeitspanne unserer relativen Unreife und Abhängigkeit im Säuglings- und Kleinkindalter unsere Anfälligkeit für psychischen Stress.
Doch unsere physiologische Reaktion auf Stress hat sich nicht verändert. Unser Körper reagiert auf rein emotionalen Stress, als würden wir noch immer von Säbelzahntigern verfolgt! Es entspricht unserer Natur, dass wir enorme Energien freisetzen, wenn wir starke Gefühle wie Angst oder Zorn empfinden. Allerdings ist dies nicht immer angemessen, und wir sind einer physiologischen Stressreaktion ausgeliefert, die uns keinen Nutzen bringt. Das kann sehr störend sein, zum Beispiel wenn vor einem wichtigen Gespräch unser Pulsschlag zu rasen beginnt.

Stressbedingte Krankheiten

Dies ist jedoch nur das kleinere Problem, denn die Stressreaktion selbst kann auf lange Sicht ausgesprochen schädlich sein. Tatsächlich ist sie die Ursache für zahlreiche verschiedene stressbedingte Krankheiten. Beide Teile der Stressreaktion, die gesteigerte Erregung des sympathischen Nervensystems und die Glukokortikoidhormone, können Krankheiten auslösen.

Die wiederholte Stimulierung des sympathischen Nervensystems kann zu chronisch erhöhtem Blutdruck und Arteriosklerose (der Bildung von Fettablagerungen in den Blutgefäßen) führen. Dies wiederum kann Herzinfarkte und Schlaganfälle begünstigen, zwei der häufigsten Todesursachen, besonders bei Männern.[10]
Durch Stress bedingte überschüssige Glukokortikoide können viele negative Nebeneffekte haben, einschließlich Reizbarkeit, Ängste und Konzentrationsstörungen. Aber auch dies ist wieder nur ein kleinerer Aspekt des Problems.
Ein ernsterer Nebeneffekt der Glukokortikoide ist die Schwächung des Immunsystems. Menschen, die wiederholt schwerem Stress ausgesetzt sind, weisen in ihrem Blut eine hohe Konzentration von ACTH und Glukokortikoiden auf, was die Widerstandskraft gegen Infektionen nachweisbar schwächt.[11] So haben zum Beispiel Menschen, deren Lebenspartner kürzlich gestorben sind, geringere Abwehrkräfte.[12] Stress erhöht sowohl das Risiko ansteckender Krankheiten, wie Atemwegsinfektionen, als auch die Anfälligkeit für immunabhängige Erkrankungen wie multiple Sklerose. Durch Stress bedingte Glukokortikoide können sogar ein Tumorwachstum beschleunigen.[13]
Überschüssige Glukokortikoide können außerdem den Teil des Gehirns schädigen, der als »Hippokampus« bezeichnet wird und der für das Lernen und das Gedächtnis eine wichtige Rolle spielt. Solche Schäden können zu Lernstörungen beitragen und den Alterungsprozess verstärken.[14]
Weitere negative Effekte von Stresshormonen sind die erhöhte Anfälligkeit älterer Menschen für Osteoporose oder für Diabetes (Altersdiabetes). Wissenschaftler gehen davon aus, dass beide Komponenten der Stressreaktion zu Geschwüren, einer allgemein als stressbedingt bekannten Krankheit, führen können. Schließlich kann sich Stress auch negativ auf die Sexualfunktion auswirken und bei Männern zu Impotenz führen sowie bei Frauen den Eisprung verhindern.[15]

Einige dieser Krankheiten sind möglicherweise auch auf genetische und umweltbedingte Ursachen zurückzuführen, aber dass Stress hier ebenfalls eine Rolle spielt, ist inzwischen allgemein anerkannt.

Die Physiologie des Weinens

Der Preis, den wir für unsere Sensibilität, unser Bewusstsein und unsere Intelligenz zahlen, besteht in emotionalem Schmerz und stressbedingten Krankheiten. Was hat das alles nun mit Tränen und Wutausbrüchen zu tun? *Es scheint, dass Weinen und Wüten als Reaktionen auf rein emotionalen Stress sich als Anpassungsmechanismen entwickelt haben, welche die negativen Nebeneffekte der physiologischen Stressreaktion reduzieren helfen.* Es liegen einige sehr interessante Forschungsergebnisse vor, die die Theorie von der stresslösenden Funktion des Weinens stützen.
In einer Untersuchung über die physiologischen Veränderungen beim Weinen zeigten Wissenschaftler Hochschulstudentinnen einen traurigen Film. Die Frauen, die dabei weinten, waren körperlich aktiver als jene, die nicht weinten. Ebenso hatten die weinenden Frauen einen erhöhten Pulsschlag und größere Hautsensibilität, beides Anzeichen für einen gesteigerten körperlichen Erregungszustand.[16]
Bei anderen Untersuchungen wurden physiologische Veränderungen bei Erwachsenen *nach* dem Weinen gemessen. Die Untersuchungsteilnehmer unterzogen sich einer bestimmten Form der Psychotherapie, in der sie weinten und wüteten, manchmal bis zu einer Stunde und länger. Messungen vor und nach diesen Therapiesitzungen zeigten, dass Blutdruck, Puls und Körpertemperatur nach den Sitzungen gesunken waren und die Gehirnströme gleichmäßiger verliefen. Derartige Veränderungen gelten allgemein als Anzeichen für Entspannung. Eine Kontrollgruppe wurde angehalten, sich entsprechend lange stark körperlich zu betätigen. Danach

wurden die gleichen Messungen durchgeführt. Diese Kontrollgruppe war nicht so entspannt wie die Personen, die geweint und getobt hatten.[17]

Wir können daraus schließen, dass Weinen ein körperlicher Erregungszustand ist, auf den eine tiefe Entspannung folgt. Das Weinen ist eine äußerst effektive Methode, Spannung abzubauen und Blutdruck und Pulsfrequenz zu senken. Vielleicht hilft die beim Weinen freigesetzte Energie, etwas von der Kraft zu verbrauchen, die für unsere körperliche Verteidigung in Gefahrensituationen vorgesehen ist, wo Weglaufen oder Kämpfen aber unangemessen sind. Heftiges Weinen und Wüten nutzen sowohl die gesteigerte Erregung des sympathischen Nervensystems als auch die Glukokortikoidreaktion.

Tränen lösen innere Spannungen

Es ist interessant, dass das Wort »Emotion« vom lateinischen »movere« (bewegen) abstammt. Die deutsche Sprache macht dies deutlich, wenn wir beispielsweise sagen: »Der Film hat mich sehr bewegt.« Diese Formulierung gibt wieder, dass unsere ungehemmte, primitive Reaktion auf starke Gefühle darin besteht, körperlich aktiv zu werden. Weinen und Wüten sind bei Kindern in der Tat sehr aktive Prozesse, die den ganzen Körper einbeziehen. Kinder treten mit den Füßen, schlagen mit den Armen um sich und wenden dabei sehr viel Körperkraft auf. Als Erwachsene würden wir wahrscheinlich genauso weinen, wenn das öffentliche Ausdrücken solch heftiger Gefühle gesellschaftlich anerkannt wäre.

Außer den physiologischen Untersuchungen über das Weinen gibt es einige interessante biochemische Forschungsprojekte über menschliche Tränen. Dr. William Frey, Biochemiker am Regions Hospital in St. Paul, Minnesota, hat die chemische Zusammensetzung menschlicher Tränen untersucht.[18] Er bezahlte Freiwillige dafür, einen traurigen Film anzuschauen und ihre Tränen (falls sie weinten) in einem Teströhrchen aufzufangen. (Stellen Sie sich vor, Sie würden für Ihr Weinen *bezahlt*!) Er nannte diese Art Tränen

»gefühlsinduzierte Tränen«. Danach sammelte er von denselben Personen »reizstoffinduzierte Tränen«, die durch das Einatmen der Dünste einer gehackten Zwiebel ausgelöst wurden. Anschließend führte er biochemische Analysen beider Sorten von Tränen durch und entdeckte, dass sich die durch Gefühle hervorgerufenen Tränen chemisch von den durch Reizstoffe wie Zwiebeln ausgelösten Tränen unterschieden. Das heißt, dass das Weinen ein ganz besonderer Vorgang ist.

Eine Träne besteht aus vielen Substanzen

Weitere Analysen von Dr. Frey zeigten, dass sich in beiden Sorten von Tränen bestimmte, mit Stress zusammenhängende Substanzen befanden. Eine der Substanzen, die er in den Tränen nachwies, war das Hormon ACTH, das die Produktion von Glukokortikoiden anregt. Insofern trägt das Vergießen von Tränen möglicherweise dazu bei, einen Überschuss von ACTH und anderen Substanzen, die sich als Folge einer Stresssituation im Körper ansammeln, zu reduzieren. Das wiederum könnte die übermäßige Produktion von Glukokortikoiden verhindern. Weinen ist demnach vergleichbar mit anderen Prozessen wie Urinieren, Defäkieren, Ausatmen, Menstruieren und Schwitzen, die alle dazu dienen, Abfallprodukte aus dem Körper auszuscheiden.

Neben dem ACTH wies Dr. Frey auch das Vorhandensein von Katecholaminen in Tränen nach. Beispiele für Katecholamine sind die bereits weiter oben angesprochenen Substanzen Epinephrin und Norepinephrin. (Diese beiden Substanzen sind die chemischen Botenstoffe des sympathischen Nervensystems, die das Herz anregen, schneller zu schlagen, und den Blutdruck und die Blutversorgung der Muskeln erhöhen.) Die Ausscheidung dieser Substanzen in Form von Tränen könnte die Auswirkungen der gesteigerten Erregung des sympathischen Nervensystems in Stresssituationen mindern. Dr. Frey stieß außerdem auf eine Substanz namens Leuzin-Enkephalin, eine der verschiedenen Arten

von Endorphinen (natürliche opiatartige Substanzen), die bei Stress eine Rolle spielen.[19]
Diese beiden Substanzen – Katecholamine und Endorphine – dienen im Gehirn als Neurotransmitter. Das bedeutet, sie helfen den Nervenzellen, miteinander zu kommunizieren. Diese und andere Neurotransmitter regulieren unsere Stimmungen und sind ausschlaggebend dafür, ob wir uns glücklich oder niedergeschlagen fühlen. Manche Psychiater glauben, dass kindliche Erfahrungen von Stress und Traumata Störungen im Neurotransmittersystem hervorrufen.[20]
Das Weinen spielt also wahrscheinlich eine entscheidende Rolle bei der Wiederherstellung eines heilsamen Gleichgewichts zwischen diesen chemischen Substanzen und mindert auf diese Weise Symptome von Depression oder Angstzuständen, ohne dass Medikamente erforderlich wären.
Es ist typisch für Neugeborene, dass sie in den ersten Lebenswochen beim Weinen keine Tränen vergießen. Sie schwitzen jedoch beträchtlich und wenden auch Kraft auf. Es bedarf noch weiterer Forschungen, um sämtliche physiologischen Auswirkungen des Weinens bei Menschen verschiedener Altersgruppen zu untersuchen.

Wer weinen kann, lebt gesünder

In zahlreichen Untersuchungen hat man einen Zusammenhang zwischen Weinen und körperlicher Gesundheit festgestellt. Das Resultat einer statistischen Erhebung zeigte, dass Gesunde häufiger weinen und eine positivere Einstellung zum Weinen haben als Menschen, die an Geschwüren oder Dickdarmentzündung (Kolitis) leiden.[21] Bei einer Untersuchung über Brustkrebspatientinnen entdeckten Wissenschaftler, dass die Frauen, die ihren Gefühlen von Zorn, Angst, Depression und Schuld ungehemmt Ausdruck verliehen, länger lebten als jene, die ihre schmerzlichen Gefühle leugneten oder unterdrückten.[22] Auch ist dokumentiert, dass in manchen Fällen asthmatische Symptome nachließen und Hautausschläge verschwanden, sobald die Patienten anfingen zu weinen.[23]

Weinen ist freilich kein Allheilmittel und sollte niemals eine angemessene medizinische Behandlung ersetzen. Aber wenn wir unseren Gefühlen in einer fördernden Umgebung freien Lauf lassen, können wir eine medizinische Behandlung damit unterstützen. Vielleicht gibt der aufgeklärte Arzt in Zukunft folgenden Rat für eine optimale Gesundheit: »Essen Sie reichlich Obst und Gemüse, bewegen Sie sich viel und weinen Sie sich einmal pro Woche richtig aus!«

Die heilende Wirkung des Weinens

Diese verschiedenen Forschungsbereiche weisen alle darauf hin, dass das Weinen ein heilsamer physiologischer Prozess ist, der Menschen hilft, mit den Auswirkungen von emotionalem Stress fertig zu werden. Ist eine körperliche Reaktion nicht nötig oder angemessen, hilft Weinen, die verschiedenen Effekte der Stressreaktion abzuschwächen. Es kann als natürlicher Prozess betrachtet werden, der den Körper wieder ins Gleichgewicht bringt. Insofern ist Weinen kein überflüssiges Nebenprodukt von Stress, sondern ein wichtiger Teil des Stress-Entspannungs-Kreislaufs. Wenn wir als Reaktion auf emotionalen Stress weinen, setzen wir Energie frei, lösen Spannungen, senken unseren Blutdruck, bauen mit den Tränen Stresshormone und Neurotransmitter im Körper ab und stellen auf diese Weise das physiologische Gleichgewicht, die Homöostasis, wieder her.

Die psychischen Vorzüge des Weinens

Kinder, die genug weinen, profitieren davon in vielerlei Hinsicht. Sie sind emotional gesünder, haben stabilere Bindungen zu Erwachsenen, ein besseres Selbstwertgefühl, sind angenehmer im Umgang und können besser lernen. Diese fünf Vorzüge möchte ich im folgenden Abschnitt näher erläutern.

Weinen stärkt die emotionale Gesundheit

In seinen frühen Therapieansätzen erkannte Freud, wie wichtig die emotionale Entlastung ist, wie sie zum Beispiel beim Weinen geschieht.[24] Allerdings wandte er sich später (aus unbekannten Gründen) von diesem Ansatz zugunsten einer verbal orientierten, analytischen Form der Therapie ab.
Alice Miller schreibt über emotionale Störungen wie Neurosen: »Nicht das Trauma selbst ist die Quelle der Krankheit, sondern die unbewußte, unterdrückte, hoffnungslose Verzweiflung darüber, nicht ausdrücken zu dürfen, was man gelitten hat.«[25]
Untersuchungen mit Erwachsenen haben gezeigt, dass Therapieformen, die das Weinen verstärkt einbeziehen, zu einer signifikanten Verbesserung der seelischen Gesundheit führen. Patienten, die ihre Gefühle in den Therapiesitzungen auf diese Weise offen zeigen, machen schnellere Fortschritte als solche, die mit ihrem Therapeuten lediglich reden.[26]
Psychologen haben das Weinen von Kindern während der äußerst belastenden Erfahrung eines langen Krankenhaus-

aufenthalts erforscht. Kinder, die zu Beginn des Aufenthalts offen mit Weinen und Schreien protestierten, waren auf längere Sicht besser »angepasst« als diejenigen, die gleich zu Beginn »gute« Patienten waren. Letztere verhielten sich zwar scheinbar ruhig und kooperativ, zeigten aber mit höherer Wahrscheinlichkeit später Stresssymptome wie Regression in infantile Verhaltensweisen, Ess- oder Schlafstörungen und Lernschwierigkeiten.[27]

Manchmal reagieren Erwachsene unangemessen auf bestimmte Situationen, weil sie die Gegenwart nicht von der Vergangenheit trennen können. So kann ein Mann zum Beispiel übertrieben zornig werden, wenn eine Frau ständig zu spät zu Verabredungen kommt, weil sie ihn an seine alkoholkranke Mutter erinnert, die in betrunkenem Zustand unzuverlässig war. Das Gleiche kann auch Kindern passieren. Ein kleiner Junge hat vielleicht panische Angst vor jedem Hund, selbst vor einem Welpen, weil ihn einmal ein großer Hund laut angebellt hat.

Wenn die Vergangenheit die Gegenwart beeinflusst

Psychologen nennen dieses Phänomen die »Generalisierung einer konditionierten emotionalen Reaktion«: Alles, was eine Person an eine frühere Stresssituation erinnert, löst eine Stressreaktion aus, selbst wenn die neue Situation vollkommen harmlos ist. Dieser Mechanismus war offensichtlich während der jahrmillionenlangen Evolution des Menschen für dessen Überleben wichtig, als unsere Vorfahren es noch mit zahlreichen physischen Bedrohungen zu tun hatten. Individuen, die schnell und automatisch auf potenzielle Gefahren reagieren konnten, hatten die größten Überlebenschancen.

Wenn es nicht mehr allein um das nackte Überleben geht, wird dieser Mechanismus jedoch zum Problem. Bei psychischem Stress ist eine solche Reaktion wenig nützlich, weil sie unsere Fähigkeit, das Leben zu bewältigen und Beziehungen zu anderen Menschen aufzubauen, beeinträchtigen kann. Menschen, die ein schweres Trauma erlitten haben, leiden oft an einer Störung, die als »posttraumatische Belastungsstörung« bekannt ist. Alles, was die Person an ihr Trauma erinnert, löst eine physiologische Alarmreaktion aus, als wiederhole sich das ursprüngliche Trauma tatsächlich.[28]

Mit der Zeit verliert sich die konditionierte Reaktion allmählich, wenn vergleichbare Situationen sich wiederholt als harmlos erweisen. Dieses Phänomen nennen die Psychologen die »Löschung der konditionierten Reaktion«. Je nach Schwere des ehemaligen Traumas und der Heftigkeit der ursprünglichen Reaktion kann dies jedoch sehr lange dauern.

Allerdings kann dieses Löschen durch emotionales Ausleben, besonders durch Weinen und Wüten, beträchtlich beschleunigt werden. Haben Kinder Gelegenheit, nach Angst einflößenden oder frustrierenden Erfahrungen zu weinen oder zu wüten, wird die Stressreaktion später nicht mehr automatisch durch vergleichbare Situationen ausgelöst. Der physiologische Prozess des Weinens in einem sicheren Umfeld scheint dem Gehirn zu vermitteln, dass die Bedrohung überwunden wurde. Weinen trägt dazu bei, die Konditionierung der Stressreaktion zu löschen. Unser Gehirn hört dann auf, ähnliche Situationen mit Gefahr gleichzusetzen. Ein Kind, das sich (in den sicheren Armen seiner Mutter) über einen bellenden Hund ausgeweint hat, wird anderen Hunden vielleicht mit Vorsicht begegnen, aber es wird beim Anblick eines Hundes nicht mehr sofort in Panik geraten.

Weinen hilft konditionierte Stressreaktionen zu löschen

Erwachsene können in einer Therapie weinen, um sich von Gefühlen, die auf früheren Kindheitstraumen beruhen, zu entlasten. Das hilft ihnen, die Gegenwart realer zu sehen und angemessen darauf zu reagieren. Ein Mann, der in einer Therapie über seine alkoholkranke Mutter weinen und seinen Zorn über sie ausdrücken kann, reagiert vielleicht noch immer ein wenig gereizt, wenn Frauen zu spät zu einer Verabredung kommen, aber er wird keinen Wutanfall mehr bekommen. Es ist erwiesen, dass Menschen, die in ihrer Kindheit schon bald nach traumatischen Erfahrungen die Möglichkeit hatten, über das Erlebte zu weinen, emotional gesünder sind und weniger Probleme in ihren Beziehungen haben.

Die Akzeptanz des Weinens begünstigt eine gesunde Eltern-Kind-Bindung

Der britische Psychoanalytiker John Bowlby war der Erste, der den Ausdruck »Bindung« für die Beziehung zwischen Mutter und Kind benutzte. Seiner Meinung nach spiegelte das Bindungsverhalten von Babys und Kleinkindern – wenn sie zum Beispiel die Mutter anlächeln, sich an sie klammern, weinen, wenn sie geht, und ihr, wenn möglich, folgen – deren instinktive Tendenz wider, die Nähe der Mutter (oder der wichtigsten Bezugsperson) zu suchen und sich zu bewahren.[29]

Gesunde Bindungen sind grundlegend für eine normale Entwicklung. Wissenschaftler haben einige der Faktoren ermittelt, die Kindern helfen, eine gesunde Bindung zu ihren Eltern aufzubauen. Während des ersten Lebensjahres ist häufiger und regelmäßiger Körperkontakt zu den Eltern notwendig. Außerdem ist es wichtig, dass die Signale des Kindes schnell und angemessen beantwortet werden. Kinder brauchen feste Bezugspersonen und leiden stark unter einer längeren Trennung von den Eltern, besonders in den ersten fünf Jahren. Auch Missbrauch und Vernachlässigung können ein gesundes Bindungsverhalten ernsthaft stören.[30]

Außer diese Faktoren zu beachten, sollten Eltern die gesamte Bandbreite der Gefühle ihrer Kinder akzeptieren, damit diese gesunde Bindungen aufbauen können. Forscher, die in diesem Bereich arbeiten, betrachten das Weinen als die

Form, in der ein Baby sein Bedürfnis nach Nahrung, Liebe und Schutz ausdrückt. Darüber hinaus haben sie auch die stresslösende Funktion des Weinens und das Bedürfnis von Kindern erkannt, in entsprechenden Situationen mitfühlend begleitet zu werden.[31] Bowlby wies darauf hin, dass es negative Konsequenzen haben kann, wenn die schmerzlichen Gefühle eines Kindes nicht akzeptiert werden. Er forderte, dass Kindern erlaubt werden muss, in Situationen wie Trennung oder Verlust ihren Schmerz durch Weinen offen zu bekunden. Er missbilligte die Tendenz mancher Bezugspersonen, Kindern das Weinen zu verbieten, und behauptete, dies könne dazu führen, dass die Kinder schmerzliche Gefühle verdrängten.[32] Er erklärte auch, dass es Kindern erlaubt sein sollte, feindselige Gefühle und Eifersucht offen auszudrücken, selbst wenn diese sich gegen die Eltern richteten. Zum Beispiel sollten Kinder zu ihren Eltern sagen dürfen: »Ich hasse dich!« Wenn man sie für solche Ausbrüche bestraft oder beschämt, würden sie entweder zu Rebellen oder zu angstgeplagten Neurotikern.[33]

Kinder müssen ihren Schmerz offen ausdrücken dürfen

Es ist wichtig, auf ein weinendes Kind einzugehen und es nicht zurückzuweisen oder zu bestrafen. Reagieren Eltern während des ersten Lebensjahres nicht auf das Weinen ihres Babys, kann das Kind ein gestörtes Bindungsverhalten entwickeln. Vielleicht wird es aggressiv gegenüber den Eltern oder übermäßig fordernd und klammernd. Einige Kinder erscheinen selbstgenügsam, verweigern Nähe oder zeigen kaum Zuneigung. Es wurde wissenschaftlich beobachtet, dass manche Kinder, die nicht älter als ein Jahr waren, nur dann Kontakt zur Mutter suchten, wenn sie zufrieden, niemals aber, wenn sie unglücklich waren. Bowlby hält dies für eine schwere Kommunikationsstörung zwischen Mutter und Kind. Kinder mit solch einem extremen Vermeidungsverhalten zeigen später die Tendenz zu ernsthaften Verhaltensstörungen und emotionalen Problemen.[34]

Kinder brauchen Eltern, die zuhören und mitfühlen

Wenn ein Kind sich von seinem Stress durch Weinen entlasten muss, reicht es allerdings nicht, nur zu reagieren. Selbst wenn Eltern ein weinendes Kind nicht offen zurückweisen, empfindet das Kind *jeden* Versuch, es von seinem Weinen abzulenken, als emotionales Verlassenwerden. Kinder brauchen Eltern, die zuhören, wenn sie ihrer Trauer, Wut und Angst Ausdruck verleihen. Sie brauchen Eltern, die mitfühlen können. Wird Kindern erlaubt, derartige Gefühle von Geburt an offen auszuleben, machen sie die Erfahrung, dass sie schmerzliche Gefühle nicht unterdrücken müssen und bedingungslos geliebt werden.

Werden die schmerzlichen Gefühle eines Kindes voll akzeptiert, kann es also ein gesünderes Bindungsverhalten entwickeln. Babys, die in den Armen ihrer Eltern weinen dürfen, wachsen mit dem Gefühl auf, verstanden und angenommen zu werden. Als Jugendliche werden sie ihre Probleme gerne mit den Eltern besprechen und auch weinen, wenn sie das Bedürfnis dazu haben, denn sie können sich darauf verlassen, dass ihre Eltern ihnen zuhören.

In meiner Beratungspraxis verschwinden Symptome wie exzessives Klammern, Quengeln, Aggressivität oder Abneigung gegen Nähe, die auf ein instabiles Bindungsverhalten verweisen, oft dann, wenn Eltern in der Lage sind, zu Hause eine Atmosphäre von emotionaler Sicherheit zu schaffen und das Weinen des Kindes zu akzeptieren. Je älter das Kind, desto größere Schwierigkeiten hat es, sich sicher genug zu fühlen und seinen Gefühlen freien Lauf zu lassen, wenn die Eltern auf sein Weinen bislang immer wieder mit Ablenkung, Bestrafung oder Nichtbeachtung reagiert haben. Trotzdem ist es nie zu spät, die Eltern-Kind-Beziehung zu verbessern.

Die Akzeptanz des Weinens stärkt das Selbstwertgefühl des Kindes

Kinder, die mit sich zufrieden sind und auf ihre eigenen Fähigkeiten vertrauen, haben ein positives Selbstwertgefühl. Das ist die direkte Folge einer gesunden Bindung an die Eltern, denn um ein ausgeprägtes Selbstwertgefühl entwickeln zu können, müssen Kinder sich bedingungslos geliebt und akzeptiert fühlen.
Werden Kinder nur dann geliebt und bestätigt, wenn sie lächeln und glücklich sind, lernen sie einen Teil ihres Selbst zu verleugnen und zu unterdrücken, um den Erwachsenen zu gefallen. Schließlich gewinnen sie den Eindruck, dass ihre innersten Gefühle nicht akzeptabel seien, nicht einmal für sie selbst. Deshalb können Kinder kein stabiles Selbstwertgefühl entwickeln, wenn ihre Gefühle und deren emotionaler Ausdruck nicht voll anerkannt werden.

Kinder, die genug weinen, sind einfacher im Umgang

Das Zusammenleben mit Kindern, denen man erlaubt, so viel zu weinen und zu wüten, wie sie es brauchen, ist einfacher. Ausgiebiges Weinen oder ein Wutanfall sind als solche nicht angenehm. Tatsächlich kann es ziemlich schwierig und emotional anstrengend sein, einen solchen Ausbruch mit dem Kind zusammen durchzustehen. Doch ein Kind, das intensiv geweint hat oder einen Wutanfall hatte, ist anschließend meistens glücklich, entspannt, kooperativ, anspruchslos, friedlich und selbstgenügsam.
Die Verwandlung ist manchmal erstaunlich. Statt mit einem fordernden, weinerlichen, gelangweilten, launischen, klammernden, aufsässigen oder aggressiven Kind konfrontiert zu sein, haben die Eltern jetzt ein unbeschwertes Kind vor sich, mit dem das Zusammensein eine wahre Freude ist. Ein

zusätzlicher Vorteil ist es, dass Babys, die weinen, wenn sie es brauchen (während sie, wie in diesem Buch empfohlen, gehalten werden), weniger fordernd sind und nachts besser schlafen. Das verschafft den Eltern die selbst benötigte Ruhe.

Kinder, die weinen, wenn es notwendig ist, lernen besser

Alle Kinder werden mit einem enormen intellektuellen Potenzial geboren. Leider wird dieses Potenzial bei vielen Kindern teilweise dadurch beeinträchtigt, dass sie Schmerz, Verwirrung, Frustration oder Angst erleben und diese Gefühle nicht durch die Heilungsmechanismen Weinen und Wüten verarbeiten und abbauen können. Diese Gefährdung der Intelligenz beruht zum Teil darauf, dass das Kind von schmerzlichen Gefühlen in Anspruch genommen ist, was seine Fähigkeit, sich zu konzentrieren und zu lernen, beeinträchtigt. Zum Beispiel ist es schwer, in der Schule aufmerksam zu sein, wenn die Eltern kurz vor der Scheidung stehen und das Kind nicht weiß, ob es in Zukunft bei Vater oder Mutter leben wird.

Unverarbeitete Stresssituationen beeinträchtigen das Lernen

Es gibt eindeutige Beweise dafür, dass sich Stress und traumatische Erfahrungen in der Kindheit negativ auf die Fähigkeit zu denken und zu lernen auswirken können.[35] Eine Untersuchung mit 4 000 siebenjährigen Kindern wies eine Wechselbeziehung zwischen Stress und Intelligenz nach. Die Kinder mit dem höchsten Stressniveau hatten die niedrigsten Intelligenzquotienten.[36]

In einer anderen Untersuchung überprüften Forscher die intellektuellen Fähigkeiten rumänischer Waisenkinder, von denen viele traumatische Erfahrungen von Missbrauch oder Vernachlässigung gemacht hatten. Die Lernfähigkeit dieser Kinder entwickelte sich verzögert, und entsprechend war der Glukokortikoidspiegel in ihrem Blut (speziell Kortisol) erhöht. Die Kinder mit den am schwächsten entwickelten intellektuellen Fähigkeiten wiesen den höchsten Kortisolpegel auf.[37] Wie bereits erläutert, werden diese Hormone in Stresssituationen von der Nebennierenrinde produziert und können den Hippokampus schädigen – ein Teil des Gehirns, der eine wichtige Rolle für die Lernfähigkeit und das Gedächtnis spielt.[38]

Es ist noch nicht bekannt, ob solche durch einen Überschuss an Stresshormonen hervorgerufenen Hirnschäden reversibel sind. Weinen transportiert über die Tränen überschüssiges ACTH aus dem Körper und trägt auf diesem Wege zur Senkung des Glukokortikoidspiegels bei. Es ist also gut möglich, dass sich die Lernfähigkeit traumatisierter Kinder verbessert, wenn ihre Tränen und Wutausbrüche akzeptiert werden.

Kinder, denen man erlaubt zu weinen und zu wüten, wenn sie aufgeregt oder frustriert sind, können sich erstaunliche Denk- und Lernfähigkeiten bewahren. So haben Pädagogen entdeckt, dass Kinder, deren Bedürfnis nach dem Ausdruck ihrer Gefühle erkannt und akzeptiert wird, mit mehr Begeisterung und Erfolg lernen.[39]

Weinen kann Kindern noch aus einem weiteren Grund helfen, besser zu lernen. Kinder erleben viele Frustrationen, von denen manche direkt mit Lernsituationen verbunden sind. Solche Frustrationen können später durch vergleichbare Situationen leicht wieder ausgelöst werden. Wird Kindern nicht erlaubt zu weinen, können diese Frustrationen ihr weiteres Lernverhalten beeinträchtigen.

Zum Beispiel kann ein Mädchen, das schon als Kind beim Puzzlespielen Frustrationen angehäuft hat, in der Schule Schwierigkeiten haben, Geometrie zu lernen. Die Formen erinnern sie möglicherweise (unbewusst) an die frustrierenden Puzzles und lösen eine Wutreaktion aus. Das macht es ihr schwer, klar zu denken, denn sie reagiert auf eine Ursache emotionalen Schmerzes, die in ihrer Vorstellung existiert.

Solche Situationen können auf ein Mindestmaß reduziert werden, wenn man Kindern erlaubt, schon früh über Frustrationen zu weinen und zu wüten, wann immer diese in der Kindheit auftreten, so dass die Stressreaktion unmittelbar danach vollständig abgeschlossen ist. Diese Kinder begegnen neuen Lernerfahrungen aufgeschlossener und ohne darauf emotional unangemessen zu reagieren.

Die Rolle des Weinens in der Kindertherapie

Viele Kinderpsychiater und Therapeuten betrachten Weinen als heilsamen, therapeutisch wertvollen Ausdruck von Gefühlen. Manche Therapeuten begrüßen spontanes Weinen bei Kindern und sehen darin einen wichtigen Teil des Heilungsprozesses. Wenn Kinder ihrem Therapeuten oder ihrer Therapeutin Vertrauen entgegenbringen und wissen, dass sie für ihr Weinen nicht getadelt werden, weinen sie manchmal auch in einer Spieltherapiesitzung.

Manche Therapeuten ermutigen die Kinder zu weinen, besonders in Situationen, in denen es um Verlust geht, denn sie wissen, dass Weinen ein notwendiger und wichtiger Schritt für das Trauern und den Genesungsprozesses ist.[40]

Für zwei Therapierichtungen ist das Weinen von besonderem Interesse: Therapien, die die Heilung von Geburtstraumen zum Ziel haben, und die Festhaltetherapie. Diese beiden Therapieformen werde ich in den folgenden Abschnitten näher erläutern.

Geburtstraumatherapien

Therapeuten, die sich darauf spezialisiert haben, Säuglingen bei der Bewältigung ihres Geburtstraumas zu helfen, halten Weinen für außerordentlich wohltuend. Wissenschaftler auf dem Gebiet der prä- und perinatalen Psychologie haben herausgefunden, dass traumatische Geburten das Risiko lebenslanger Probleme bergen. Zwischen Komplikationen bei der Geburt und der Anfälligkeit der betreffenden Kinder für emotionale Probleme und Verhaltensstörungen besteht ein unmittelbarer Zusammenhang.[41] Auch eine spätere Erkrankung an Schizophrenie sowie die Tendenz zu Gewaltverbrechen, Selbstmordversuchen und verschiedensten körperlichen Beschwerden können teilweise auf ein Geburtstrauma zurückzuführen sein.[42] Aus diesem Grund ist es sehr wichtig, Kindern zu helfen, ihr Geburtstrauma so früh wie möglich zu überwinden und damit spätere Probleme zu verhindern.

Therapeutisch Geburtstraumen überwinden

William Emerson, einer der Pioniere auf dem Gebiet der Kinderpsychotherapie, hat eine erfolgreiche Therapieform entwickelt, um betroffene Kinder von den Auswirkungen einer traumatischen Geburt heilen zu helfen.[43] Eine der von ihm angewandten Techniken ist die so genannte Birth-Simulating-Massage. Mit Hilfe von Berührung und Druck auf den Körper des Babys löst der Therapeut die gleichen Gefühle aus, die das Kind bei der Geburt erlebt hat. Besonders traumatisierten Körperbereichen wird spezielle Aufmerksamkeit gewidmet. Wurde das Baby zum Beispiel mit der Nabelschnur um den Hals geboren, streicht der Therapeut liebevoll über den Nacken des Kindes. Bei dieser Therapie weinen die Säuglinge heilsame Tränen und überwinden so das Trauma ihrer Geburt. Mit der Zeit löst die Birth-Simulating-Massage dann keine heftigen Emotionen mehr aus.

Erst wenn der Therapeut zu dem Kind eine Vertrauensbeziehung aufgebaut hat, wird die Behandlung liebevoll und aufmerksam durchgeführt, während die Eltern anwesend sind. Bei Folgeuntersuchungen stellte Emerson fest, dass Kinder, die als Säuglinge therapeutisch in dieser Form behandelt wurden, sehr ausgeglichen und einfühlsam waren und erstaunliche Talente und Fähigkeiten zeigten.
Peter Levine, ein anderer Therapeut, wandte eine ähnliche Technik an, die er als »Neuverhandlung des Geburtstraumas« bezeichnete. Er schlägt vor, Druck auf die Fußsohlen des Babys auszuüben, damit es gegen einen Widerstand treten und Frustration aufbauen kann. Dann kann man dem Kind sanft die Hand auf den Kopf legen. Levine hält es therapeutisch für wichtig, dass die Kinder den Erregungszustand des Nervensystems, den sie während des Geburtsprozesses erfahren haben, noch einmal durchleben. Der Säugling wird sich den Widerstand zunutze machen und mit aller Kraft treten. Das damit einhergehende Weinen gilt als Entladung von Energie und Frustration, die beim tatsächlichen Geburtsvorgang aufgestaut wurden.[44]

Die Festhaltetherapie

Die Festhaltetherapie wurde erstmals in den 50er-Jahren für die Behandlung autistischer Kinder angewendet. Autistische Kinder bauen keine normalen Beziehungen zu anderen Menschen auf. Ihre Sprachentwicklung ist gestört und sie scheinen die meiste Zeit in ihrer eigenen, privaten Welt gefangen zu sein. Die Ursachen des Autismus sind nicht bekannt. Eine Form von Autismus scheint jedoch auf die emotionale Überlastung zurückzugehen, die durch ein frühes Trauma wie Geburtstrauma, Frühgeburt, früher Krankenhausaufenthalt oder längere Trennung von der Mutter verursacht wird.

Festhaltetherapie und Autismus

Kinder, die an dieser Form des Autismus erkrankt sind, reagieren äußerst positiv auf die Festhaltetherapie, bei der die Mutter oder ein Therapeut aufgefordert wird, das Kind zu halten. Oft wehrt sich das Kind gegen diese Nähe, wobei es schreit und wütet. Mehrere Therapeuten haben durchgreifende und schnelle Fortschritte bei autistischen Kindern beobachtet, nachdem sie diese ermutigten, in den Therapiesitzungen zu weinen oder zu wüten.[45]

Die meisten Befürworter dieser Therapie betrachten das Halten selbst als die entscheidende therapeutische Komponente. Manche postulieren, dass nur die Mutter selbst das Kind festhalten sollte. Hinter diesem Ansatz steht die Theorie, dass das Kind einen Bruch in der Mutter-Kind-Bindung erfahren hat und die Mutter das Kind halten soll, um die Nähe wiederherzustellen. Zuerst wehren sich Kinder gegen diese Nähe und durchlaufen im typischen Falle eine Phase, in der sie heftig weinen und kämpfen. Allmählich akzeptieren sie dann das Gehaltenwerden und kuscheln sich manchmal sogar liebevoll in die Arme der Mutter. Andere vertreten die Meinung, dass ein Therapeut ebenso effektiv ist wie die Mutter und dass das zwischen Kind und Therapeuten aufgebaute Vertrauen auf die Eltern-Kind-Beziehung übertragen werden kann.

Es ist allerdings sehr wohl möglich, dass nicht das Halten selbst zur Heilung des Kindes führt, sondern die physiologischen Vorgänge des Weinens und Wütens, die durch das liebevolle Halten ausgelöst werden. Vielleicht ermöglicht das Gehaltenwerden dem Kind, sich sicher genug zu fühlen, um die Ansammlung schmerzhafter Gefühle aus einer früheren traumatischen Erfahrung oder einfach aus übermäßigem Stress erneut zu durchleben und sich davon zu entlasten. Durch das Halten erfährt das Kind körperliche Grenzen, gegen die es ankämpfen kann. Vielleicht ist dies eine wichtige Voraussetzung für die Heilung, besonders wenn das Kind ein pränatales oder Geburtstrauma oder frühere Erfahrungen der Ohnmacht (wie zum Beispiel während eines Krankenhausaufenthalts) durchgemacht hat. Das Halten liefert auch einen sicheren »Rahmen« für die Gefühle des Kindes, so dass es sich selbst oder andere nicht verletzen kann.

Was auch immer die tatsächlichen Gründe für den Erfolg dieser Methode sein mögen, sie hat bei vielen autistischen Kindern erstaunliche Resultate gezeigt. Es gibt nicht *die* Methode, die sämtliche Fälle von Autismus heilen kann, da diese Störung wahrscheinlich auf vielen verschiedenen Ursachen beruht. Trotzdem ist die Festhaltetherapie für manche dieser Kinder ein viel versprechender Weg.

Festhaltetherapie und Bindungs-

Als besonders erfolgreich hat sich die Festhaltetherapie bei Kindern erwiesen, die an Bindungsstörungen leiden.[46] Darunter fasst man emotionale Probleme oder Verhaltensstörungen zusammen, die durch schwere Vernachlässigung (entweder emotional oder körperlich) oder wiederholten Wechsel der Bezugspersonen verursacht werden (zum Beispiel bei Kindern, welche häufig das Pflegeheim wechseln). Manche Psychotherapeuten weiten die Diagnose solcher Bindungsstörungen auch auf Kinder aus, die von ihren Eltern missbraucht wurden oder ein anderes Trauma erlitten haben, das die Entwicklung einer gesunden Bindung zwischen Eltern und Kind gestört hat.

Kinder mit schweren Bindungsstörungen sind entweder unfähig, Bindungen zu entwickeln, oder zeigen eine übertriebene, zugleich aber oberflächliche Vertrautheit mit Fremden. Sie werden als gewissenlos beschrieben, denn sie scheinen weder Mitgefühl noch Reue zu empfinden und können sich äußerst destruktiv und gewalttätig verhalten: Sie legen Feuer, töten Tiere oder fügen sich oder anderen Kindern schwere Verletzungen zu. Oftmals lügen und stehlen diese Kinder und ihre Sprachentwicklung und ihr Wortschatz entwickeln sich verzögert. Und doch können sie beim ersten Kontakt völlig »normal« wirken und sogar täuschend nett sein.[47]

Kinder mit Bindungsstörungen sprechen nicht gut auf traditionelle Therapieformen an, weil sie unfähig sind, einem Menschen zu vertrauen. Ohne gegenseitiges Vertrauen zwischen Therapeut und Kind können aber keine Fortschritte erreicht werden. In der Festhaltetherapie können bindungsgestörte Kinder erfahren, dass Nähe ohne Schmerz möglich ist. Wie bei autistischen Kindern scheint das Festhalten den Widerstand, den diese Kinder dagegen entwickelt haben, sich geliebt zu fühlen, zu durchbrechen. Außerdem hilft das Halten ihnen, ihre schmerzhaften Gefühle in Form von Weinen und Wüten auszuleben, ohne bestraft, verspottet oder zurückgewiesen zu werden, und sich so von den Auswirkungen früherer traumatischer Erfahrungen zu heilen. Allmählich lernen sie vertrauen.

Festhaltetherapie und Hyperaktivität

Vieles weist darauf hin, dass auch hyperaktive Kinder von einer Festhaltetherapie profitieren können: durch festes, aber liebevolles Halten in Zeiten, in denen ihr hektisches Verhalten außer Kontrolle gerät.[48] Die offizielle Diagnose einer »Aufmerksamkeitsdefizit-Hyperaktivitäts-Störung (ADHD)« wird bei Kindern gestellt, die sich leicht ablenken lassen oder hyperaktiv beziehungsweise impulsiv sind. Man schätzt, dass in den Vereinigten Staaten drei bis fünf Prozent aller Kinder an dieser »Störung« leiden.[49] Ablenkbarkeit, Impulsivität und Hyperaktivität bei Kindern können durch ein Übermaß an Stress verursacht sein. Forscher haben festgestellt, dass Eltern aus Familien mit Kindern, bei denen ADHD diagnostiziert wurde, unter erhöhter Stressbelastung stehen.[50] Natürlich könnte man umgekehrt daraus schließen, dass das gestörte Kind selbst die Ursache für den elterlichen Stress ist. Aber wenn die Belastung der Eltern auf eheliche Streitigkeiten, Scheidung, Krankenhausaufenthalt und Drogenmissbrauch zurückgeht (wie einige Untersuchungen zeigen), sollte man die Möglichkeit in Betracht ziehen, dass das Verhalten des Kindes eher die Folge als die Ursache der familiären Probleme ist.

Bewiesen ist auch, dass missbrauchte Kinder oft ein hyperaktives, impulsives und aggressives Verhalten zeigen und dass diese Störungen eine Folge und nicht die Ursache der Misshandlung sind. Tatsächlich gibt es viele Gemeinsamkeiten zwischen den Symptomen von ADHD und einer posttraumatischen Belastungsstörung, die auf Missbrauch beruht.[51]
Viele Kinder mit der Diagnose ADHD leiden zusätzlich unter emotionalen Schwierigkeiten wie Depressionen und Ängsten, und einige neigen zu Gewalt. Der ursächliche Zusammenhang zwischen diesen Problemen und ADHD ist noch nicht bekannt, aber es scheint nahe zu liegen, dass beide Störungen einen gemeinsamen Ursprung haben, der entweder auf eine häusliche Stresssituation oder auf eine durch Stress und Trauma belastete Vorgeschichte zurückzuführen ist. Dieses Trauma kann ein sehr frühes, vielleicht sogar pränataler Natur sein.
Hyperaktive Kinder neigen zu Wutanfällen, die als gesunder Versuch gelten können, Stress abzubauen. Leider werden solche Wutanfälle oft als Teil des Problems und nicht als wichtiger Heilungsmechanismus interpretiert. In einer vom National Institute of Mental Health (Nationales Institut für geistige Gesundheit) veröffentlichten Broschüre über ADHD werden Wutanfälle anderen unerwünschten Verhaltensweisen zugeordnet: »Besonders schwer haben es die Eltern eines Kindes, das ständig unkontrolliert aktiv ist, Unordnung hinterlässt, Wutanfälle bekommt und Anweisungen weder zuhört noch befolgt.«[52] Auch wenn niemand Wutanfälle als etwas Wünschenswertes darstellen würde, gelten sie hier als Teil des Problems, und es wird deutlich, dass der Verfasser die potenziellen therapeutischen Vorteile des Wütens nicht verstanden hat.
Ich behaupte nicht, dass jeder Fall von Hyperaktivität oder Aufmerksamkeitsstörung durch Stress oder Traumata verursacht wird, die damit einhergehen, dass das Kind nicht genug geweint hat. Sind diese Faktoren jedoch gegeben,

sollte eine Therapie sie berücksichtigen und versuchen, den Stress zu reduzieren. Darüber hinaus kann man die Kinder ermutigen, sich von aufgestauten Gefühlen durch Weinen oder Wüten zu entlasten. Versucht ein hyperaktives Kind bereits selbst, Stress durch spontanes Weinen oder Wutanfälle abzubauen, ist das Festhalten vielleicht gar nicht mehr erforderlich.
Martha Welch, eine Psychiaterin, die mit der Festhaltetherapie arbeitet, hat ein Buch für Eltern geschrieben (*Die haltende Umarmung*), in dem sie beschreibt, wie dieser Therapieansatz für »normale« Kinder genutzt werden kann.[53] Sie schildert die typischen Phasen einer Sitzung im Festhalten: Konfrontation, Abwehr und Bewältigung. Im Abwehrstadium weint, wütet und kämpft das Kind, um sich zu befreien. Welch empfiehlt, das Kind weiter festzuhalten. Ist das Stadium der Bewältigung erreicht, verändert sich das Verhalten des Kindes plötzlich, das bislang heftig gekämpft hat: Es hört auf zu weinen, entspannt sich, wird liebevoll und zärtlich und möchte oft noch länger in den Armen der Mutter verweilen und von ihr gehalten werden.

Abschließendes zu Therapien für Kinder

Medikamente statt Weinen oder Wüten?

Die in diesem Abschnitt beschriebenen Therapien, die Weinen und Wüten einbeziehen, sind nicht allgemein anerkannt. Viele Therapeuten und Ärzte ziehen es vor, alles, was intensive Gefühle auslöst, zu vermeiden. Oft verschreibt man Kindern, die an emotionalen Problemen oder Verhaltensstörungen leiden, Medikamente, obwohl keine neurologische Erkrankung vorliegt. Auch wenn manchen Kindern durch Medikamente geholfen wird, kann die Maßnahme, Kindern Tabletten zu geben, die Familie abhalten, nach möglichen Gründen für das Verhalten des Kindes zu suchen, die psychisch oder durch seine Umgebung bedingt sind.[54]

Selbst wenn die chemischen Stoffe im Gehirn aus dem Gleichgewicht geraten sein sollten, müssen wir uns klarmachen, dass auch das die Folge eines Traumas sein kann.[55]

Weinen ist in vieler Hinsicht körperlich wohltuend, was auch einschließt, dass es Veränderungen in der Hormonkonzentration und bei den Neurotransmittern bewirkt. Wenn Kinder unter emotionalen Problemen oder Verhaltensstörungen leiden, ist es nur folgerichtig, dass man ihnen erlaubt, das chemische Gleichgewicht durch die natürlichen Prozesse von Weinen und Wüten wiederherzustellen, bevor man zu Medikamenten greift.

Therapien lösen starke Gefühle aus

Den hier genannten Therapieformen ist gemein, dass bei beiden Kinder Formen von Stimulation ausgesetzt werden, die intensive Gefühle auslösen. Entweder man berührt sie so, dass die Erinnerung an ihr Geburtstrauma wachgerufen wird (bei den Geburtstraumatherapien), oder man hält sie fest (Festhaltetherapie). Wenn das Kind wiederholt in dieser Form stimuliert wurde und dabei geweint hat, ruft der Reiz allmählich keine Abwehr, Angst oder Wut mehr hervor.

Diese beiden Ansätze ähneln bestimmten Methoden der Konfrontation, die von Verhaltenstherapeuten zur Behandlung von Phobien eingesetzt werden. Zwingt man Patienten, sich genau der Situation auszusetzen, vor der sie panische Angst haben, lernen sie, dass ihnen in Wirklichkeit nichts Schlimmes zustößt, und ihre Ängste können verschwinden. Bei Therapien mit intensiver Konfrontation tritt oft eine starke emotionale Reaktion in Form von Weinen auf.

Die Geburtstraumatherapie und die Festhaltetherapie sind äußerst wirksame Methoden, die aber auch falsch angewendet und missbraucht werden können. Es muss sehr darauf geachtet werden, dass Kinder in diesen Therapien kein neues Trauma erleiden. Gegner der Festhaltetherapie behaupten, sie sei eine Form von Misshandlung und könne das Kind noch weiter traumatisieren. Wir sollten ein Kind tatsächlich niemals festhalten, weil wir es bestrafen, uns an ihm rächen, ihm Schaden zufügen oder es beherrschen wollen. Halten wir ein Kind aber achtsam und einfühlsam fest, kann das einschneidende positive Folgen haben.

Wenn wir uns den Ursachen für die Probleme eines Kindes zuwenden, sind wir oft mit starken Gefühlen konfrontiert. Die Heilungsprozesse des Weinens und Wütens sind laut, chaotisch, unberechenbar und zeitintensiv. Sie verlangen von liebevollen Eltern Engagement und Wachsamkeit. Viele Menschen haben Angst vor starken und schmerzhaften Gefühlen und können damit nicht anders umgehen, als sie zu unterdrücken. Im nächsten Kapitel beschreibe ich, durch welche Methoden das Weinen unterdrückt wird.

Erwachsene erinnern sich an ihr kindliches Weinen – Wie das Weinen unterdrückt wird

Weil Erwachsene oft nicht wissen, wie wichtig Weinen und Wüten sind, halten sie ihre Kinder davon ab und unterdrücken diese Heilungsmechanismen. Vielleicht haben auch Ihre wohlmeinenden, aber unzureichend informierten Eltern versucht, Sie am Weinen zu hindern. In meinen Workshops fordere ich die Teilnehmerinnen und Teilnehmer auf, sich zu erinnern, was ihre Eltern taten, wenn sie weinten. Die Bandbreite der Antworten ist erstaunlich. Die häufigsten davon sind im folgenden Kasten aufgeführt. Versuchen Sie sich beim weiteren Lesen dieses Kapitels selbst einmal daran zu erinnern, was *Ihre* Eltern unternahmen, wenn Sie weinten.

Wie Kinder am Weinen gehindert werden

- Aufforderung, mit dem Weinen aufzuhören
- Bestrafung (oder Drohungen)
- Entzug von Liebe oder Aufmerksamkeit; das Kind wird isoliert
- Ablenkung durch Reden, Musik, Bewegung, Spiele
- Dem Kind wird etwas in den Mund gesteckt (Nahrung, Schnuller)
- Verspotten, Beschämen
- Leugnen oder Verharmlosen des kindlichen Schmerzes
- Das Kind wird gelobt, weil es nicht weint
- Das Kind wird zum Lachen oder Reden gebracht

Viele Erwachsene erinnern sich, dass sie auf irgendeine Weise bestraft wurden, wenn sie weinten. Ihre Eltern gaben ihnen eine Ohrfeige, versohlten ihnen den Hintern oder drohten ihnen mit Worten wie: »Wenn du nicht sofort aufhörst zu weinen, gebe ich dir einen Grund zum Weinen!« Eine andere Form von Bestrafung ist der Entzug von Liebe oder Aufmerksamkeit. Viele Leute erinnern sich, dass sie zum Weinen auf ihr Zimmer geschickt wurden. In einem meiner Workshops in Santa Barbara, Kalifornien, bat ich

Beispiele, wie Eltern häufig auf das Weinen ihrer Kinder reagieren

eine Frau, der Gruppe mitzuteilen, wie sie sich als Kind dabei gefühlt hat. Sie begann zu weinen und sagte, sie habe sich genau dann einsam und abgelehnt gefühlt, als sie es besonders gebraucht hätte, von ihrer Mutter in den Arm genommen zu werden. Manche Eltern ignorieren weinende oder wütende Kinder, weil sie fürchten, deren Verhalten zu »verstärken«, wenn sie ihm Beachtung schenken würden. Eine andere Frau erzählte uns bei einem Vortrag, den ich bei der National Association for the Education of Young Children Convention (Nationaler Verband für die Erziehung von Kleinkindern) in Los Angeles für Lehrer hielt, ein extremes Beispiel. Sie sagte, wenn sie als Kind weinte, habe ihre Mutter sich geweigert, mit ihr zu sprechen, und das bis zu einer Woche lang! Sie musste eine langjährige Therapie machen, um den Schmerz zu überwinden, den dieses emotionale Verlassenwerden bei ihr ausgelöst hatte.

Manche Menschen berichten auch, dass ihre Eltern versuchten, sie von ihren Gefühlen abzulenken, indem sie ihnen etwas zeigten oder Spiele vorschlugen. Manchmal möchten Eltern die Kinder auch zum Lachen bringen. Obwohl Lachen eine heilsame Wirkung haben kann, kann es das Bedürfnis zu weinen nicht ersetzen. *Weinenden Kindern sollte erlaubt sein, so lange zu weinen, wie sie es brauchen.* Der Versuch, Weinen in Lachen umzuwandeln, ist respektlos, weil wir damit die Botschaft vermitteln, dass Weinen schlecht ist, und außerdem die Gefühle des Kindes herabspielen.

Auch Nahrung kann eine Form von Ablenkung sein. Es ist durchaus üblich, dass aufgebrachte Kinder gefüttert werden, um ihr Weinen zu unterdrücken. »Iss etwas, dann geht es dir gleich besser.« So behandeln Eltern oft ihre Kleinkinder, weil sie deren Weinen leicht missverstehen (siehe auch Teil II, Kapitel »Wie das Weinen von Babys unterdrückt wird – Der Ursprung von Kontrollmustern«).

Einige Erwachsene können sich daran erinnern, dass sie als Kinder für ihr Weinen verspottet wurden. Meistens kam der Spott von älteren Geschwistern oder anderen Kindern, manchmal aber auch von den Eltern: »Sei doch nicht so eine Heulsuse!«

Andere wissen noch, dass die Eltern ihren Schmerz oft herunterspielten oder verharmlosten. Übliche Kommentare sind hier: »Ist doch nicht so schlimm«, »Mach dir keine Sorgen«, »Es gibt überhaupt keinen Grund, warum du Angst haben müsstest«, »Kein Grund zur Aufregung«, »Du übertreibst«, »Es lohnt sich doch gar nicht, darüber zu weinen«. Bei einem Workshop in Paris erzählte mir eine Frau, ihr Vater habe immer gesagt: »Spar dir deine Tränen für später auf. Du wirst sie noch brauchen!« Solche Reaktionen halten Kinder nicht nur vom Weinen ab (und verhindern, dass sie sich selbst heilen), sondern vermitteln ihnen auch das Gefühl, nicht verstanden zu werden und allein mit ihrem Schmerz zu sein, der für sie selbst sehr real vorhanden ist. Kinder können sich emotional allein gelassen fühlen, wenn man so mit ihnen spricht.

Erwachsene sagen oft zu Kindern: »Sei ein großer Junge (ein großes Mädchen)«, und loben sie, wenn sie nicht weinen. Ein Vater sagte einmal zu seinem Sohn: »Ich bin stolz auf dich, mein Sohn. Du hast nicht einmal geweint, als du dir den Arm gebrochen hast.« Erwachsene haben es lieber, wenn Kinder reden statt weinen. Sie erzählen ihnen: »Weinen bringt dich nicht weiter«, »Ich kann dich nicht verstehen, wenn du so weinst«, »Hör auf zu weinen und erzähl mir, was passiert ist«, »Du bekommst nichts, wenn du nicht schön darum bittest«, »Du hast einen Mund zum Reden« – und immer so weiter. Haben die Kinder erst einmal sprechen gelernt, erwarten wir oft von ihnen, dass sie sich in jeder Situation verbal ausdrücken. Kindern fällt es aber sehr schwer, ihre Gefühle in Worte zu fassen, und es hilft ihnen überhaupt nicht, wenn sie dazu aufgefordert werden, während sie weinen. Kinder, die weinen dürfen, weinen so lange, wie sie es brauchen, und sprechen erst dann, wenn sie dazu bereit sind.

Sprache und Gefühle werden von verschiedenen Bereichen des Gehirns gesteuert, zwischen denen nur wenige direkte Nervenverbindungen bestehen. Obwohl spontanes, lebhaftes Reden älteren Kindern und Erwachsenen bis zu einem gewissen Grade als emotionales Ventil dient, unterstützen wir den Heilungsprozess nicht, wenn wir das Kind auffordern, seine Gefühle in Worte zu fassen. Damit zwingen wir es vielmehr, sich von der Gefühlsebene auf eine verfrühte begriffliche Ebene zu begeben. Das kann schließlich dazu führen, dass das Kind eine Tendenz zum übertriebenen Intellektualisieren entwickelt. Und damit wird es von seinem inneren Selbst abgeschnitten.

Die Reaktionen auf kindliches Weinen wiederholen sich oft in der nächsten Generation

Nur wenige Erwachsene durften als Kinder so viel weinen, wie sie es eigentlich gebraucht hätten. Deshalb überrascht es nicht, dass Eltern und Lehrer häufig Schwierigkeiten haben, das Bedürfnis zu weinen bei Kindern zu erkennen und ihnen liebevolle Aufmerksamkeit zu schenken, wenn sie weinen. Machen Sie sich keine Vorwürfe, wenn Sie glauben, ein Kind am Weinen hindern zu müssen. Vielleicht ertappen Sie sich bei den gleichen Redensarten, die Ihre Eltern gebrauchten, wenn Sie als Kind weinten. Eine Mutter berichtete zum Beispiel, ihre eigene Mutter habe immer gesagt: »Psch, psch, nicht weinen!« Ihr fiel auf, dass sie zu ihrem Sohn genau das Gleiche sagte. Sie stellte ihre Reaktion erst in Frage, als sie in meinem Workshop nähere Informationen über das Weinen erhielt. Es braucht Zeit, eine lebenslange Konditionierung zu überwinden. Sie werden feststellen, dass es Ihnen hilft, mit anderen Erwachsenen über Ihre eigene Kindheit zu sprechen und sich ins Gedächtnis zu rufen, wie Sie selbst früher weinten und wie man Sie daran hinderte (siehe Teil IV, Kapitel »Der Umgang mit Ihren eigenen Gefühlen«).

Die Unterdrückung des Weinens beginnt oft schon bei der Geburt. Trotzdem erinnern sich die meisten Erwachsenen nicht mehr daran, wie sie als Kleinkinder behandelt wurden, wenn sie weinten. Babys weinen, um ein unmittelbares Bedürfnis mitzuteilen, aber auch, um Spannungen und Stress abzubauen. Wohlmeinende Eltern unterdrücken dieses Weinen oft, meistens, indem sie versuchen, das Kind abzulenken.
Ihr eigenes Verhalten mit weinenden Babys kann Ihnen zeigen, wie Ihre Eltern mit Ihnen damals als Kind umgingen. Haben Sie das starke Bedürfnis, dem Baby etwas in den Mund zu stecken, zu sagen: »Psch, nicht weinen!«, oder das Kind zu schaukeln? Vielleicht möchten Sie es auch hinlegen und aus dem Zimmer gehen. Wahrscheinlich besteht Ihre erste Reaktion darin, genau das zu tun, was man mit Ihnen als Baby gemacht hat, wenn Sie weinten, selbst wenn Sie sich nicht mehr bewusst daran erinnern.

Unterschiede beim Weinen von Männern und Frauen

Vor der Pubertät weinen Jungen ebenso viel wie Mädchen. Etwa im Alter von zwölf Jahren nimmt das Weinen bei Jungen allerdings stark ab.[56] Für dieses Phänomen sind wahrscheinlich sowohl biologische als auch gesellschaftliche Faktoren verantwortlich. Selbst wenn es Länder gibt, in denen Männer offener und häufiger weinen als Männer in den Industrienationen, weinen diese in den meisten Kulturen insgesamt weniger als Frauen.[57]

In den westlichen Gesellschaften wird das Weinen bei Jungen meistens unterdrückt. Zweifellos werden Jungen öfter als Mädchen davon abgehalten, Gefühlen von Traurigkeit oder Angst Ausdruck zu verleihen.[58] Jungen wird vermittelt, dass Weinen eine weibliche Schwäche sei. Stärke und Männlichkeit werden eher mit emotionaler Distanz gleichgesetzt als mit emotionaler Verletzlichkeit und Sensibilität. Im Allgemeinen können Männer gut über ihre Gefühle reden und sie analysieren, aber sie können nur selten weinen und sind sich ihrer tieferen Empfindungen oft nicht bewusst. Wenn Jungen sich gegenseitig wegen ihres Weinens verspotten oder kleine Kinder deswegen hänseln, kann man daraus schließen, dass sie die bedauerliche Botschaft, es sei unerwünscht, starke Gefühle wie Traurigkeit oder Angst zu zeigen, bereits verinnerlicht haben.

Jungen dürfen weniger weinen als Mädchen …

Der Biochemiker William Frey vermutet, die Tatsache, dass Männer weniger weinen als Frauen, trage zu der höheren Rate stressbedingter Krankheiten (wie Herzinfarkte und Schlaganfälle) bei Männern und zu der im Durchschnitt höheren Lebenserwartung von Frauen bei.[59] Eine Untersuchung hat ergeben, dass bei Männern die Wahrscheinlichkeit, infolge einer einschneidenden Lebenskrise zu sterben, höher liegt als bei Frauen.[60] Das heißt nicht unbedingt, dass Männer mehr trauern als Frauen, aber Frauen können ihre Trauer besser bewältigen, da sie häufiger weinen.

… Frauen leben deshalb gesünder als Männer

Alle Kinder leiden unter der Unterdrückung von Wut, aber diese Unterdrückung hat bei Jungen und Mädchen unterschiedliche Folgen. Studien haben gezeigt, dass die männlichen Opfer eines Kindesmissbrauchs später häufiger Gewalt gegen andere zeigen, während bei Mädchen als Folge dessen selbstzerstörerisches Verhalten wie Magersucht, Selbstverstümmelung oder Selbstmordtendenzen stärker verbreitet sind.[61] Die gesellschaftlich bedingte Unterdrückung eines gesunden Ausdrucks von Wut bei verletzten Kindern trägt möglicherweise entscheidend zu diesem dramatischen Ausdruck von Wut bei Jugendlichen und Erwachsenen bei. Die Ausführungen in diesem Buch sind deshalb sowohl für Jungen als auch für Mädchen wichtig.

Kontrollmuster bei Erwachsenen

Da das Weinen bei den meisten Menschen schon sehr früh im Leben unterdrückt wurde, haben sie gelernt, ihre Gefühle mit Hilfe bestimmter Verhaltensweisen zurückzuhalten, die als »Kontrollmuster« bezeichnet werden. Dabei handelt es sich um Gewohnheiten oder Verhaltensweisen, die Menschen zu dem Zweck entwickeln, sich selbst vor emotionalem Schmerz zu schützen und vom Weinen abzuhalten. Kontrollmuster nehmen oft die Form von Süchten an.

Eine Methode von Erwachsenen (und Jugendlichen), das Weinen zu unterdrücken, besteht darin, bewusstseinsverändernde Substanzen wie Tabak, Alkohol, Koffein oder Psychopharmaka legal oder illegal zu sich zu nehmen. Diese chemischen Substanzen beeinflussen auf unterschiedliche Weise das Nerven- und Hormonsystem und schaffen ein künstliches Wohlgefühl oder betäuben schmerzhafte Gefühle. Gerade in den Industrieländern sind illegale Drogen heute eines der Hauptprobleme, besonders im Leben von Jugendlichen.

Verbreitete Kontrollmuster bei Erwachsenen

(Verhaltensweisen, mit denen das Weinen unterdrückt wird)

- Gebrauch von Drogen und anderer chemischer Substanzen
- Übermäßiges Essen
- Nägelkauen und ähnliche Angewohnheiten
- Muskelverspannungen und -steifigkeit
- Übertriebene Aktivität
- Ablenkungen (zum Beispiel Fernsehen)

Auch übermäßiges Essen kann ein Kontrollmuster sein. Viele Leute gehen zum Kühlschrank oder greifen zu Süßigkeiten, wenn sie wütend oder niedergeschlagen sind. Wenn Menschen zwanghaft zu viel essen, führt dies häufig zu Fettleibigkeit. In den Vereinigten Staaten leidet einer von fünf Erwachsenen an Übergewicht. Bei Übergewichtigen besteht ein erhöhtes Risiko für bestimmte Krankheiten wie Schlaganfälle, Herzinfarkte und Diabetes. Gewichtsreduzierende Maßnahmen zeigen oft nur kurzfristigen Erfolg, wenn nicht gleichzeitig dafür gesorgt wird, dass die Betroffenen die starken Gefühle zum Ausdruck bringen können, die aufsteigen, sobald sie versuchen, ihre Essgewohnheiten zu verändern.

Beispiele für Kontrollmuster

Eine weitere Methode, Gefühle zurückzuhalten, sind chronische Muskelverspannungen, besonders in Gesicht, Schultern, Brust und Bauch, also den Körperregionen, die bei heftigem Weinen am meisten beansprucht werden. Chronische Muskelverspannungen können eine der Ursachen für

Kopfschmerzen sowie für zahlreiche weitere Beschwerden sein.

Sämtliche Gewohnheiten oder wiederholte Verhaltensweisen, mit denen wir unsere Gefühle unterdrücken, können als Kontrollmuster gelten. Manche Menschen halten ihre Gefühle durch Geschäftigkeit und Aktivität in Schach, während andere sich mit Fernsehen ablenken.

Abgesehen davon, dass Kontrollmuster den Ausdruck starker Gefühle behindern, können sie natürlich auch als solche schädlich sein. Trotzdem ist es absolut verständlich, dass eine Gesellschaft, die heftige Gefühlsäußerungen bei Kindern unterdrückt, solche Verhaltensweisen zeigt. Sie müssen sich keine Vorwürfe machen, wenn Sie selbst Kontrollmuster oder bestimmte Abhängigkeiten entwickelt haben. Die meisten Leute benutzen bestimmte Kontrollmuster. Hätten Ihre Eltern Ihr Weinen von Geburt an akzeptiert und Sie nicht befürchten müssen, die Liebe und Zuwendung Ihrer Eltern zu verlieren, wenn Sie Ihren schmerzlichen Gefühlen Ausdruck verliehen, dann hätten Sie auch nicht Zuflucht zu solchen Unterdrückungsmechanismen nehmen müssen. Menschen entwickeln solche Gewohnheiten und Abhängigkeiten, um zu überleben und ihren Alltag zu bewältigen, indem sie ihre Gefühle unter Verschluss halten.

Da das Weinen häufig missverstanden wird, hält man Erwachsene, die versuchen, sich selbst durch Weinen zu heilen, oft für schwach. Man glaubt, dass sie »zusammenbrechen« oder einen »Nervenzusammenbruch« hätten. Die konservative Ärzteschaft ist schnell mit der Verschreibung von Psychopharmaka zur Stelle, die Menschen helfen sollen, sich »besser« zu fühlen, obwohl diese Medikamente das Problem oft nur verdecken, ohne den Ursachen wirklich auf den Grund zu gehen. Tatsächlich verhindern solche Medikamente meistens die emotionale Entspannung durch Weinen oder Wüten und damit genau die Verhaltensweisen, die der betroffenen Person gut tun würden.

Ärztlich verschriebene Psychopharmaka können unter bestimmten Umständen durchaus hilfreich sein. Doch werden sie oft Menschen verordnet, die mit ihren chronischen psychischen Problemen viel besser in einer Umgebung aufgehoben wären, in der das heilsame Freisetzen der zugrunde liegenden Gefühle nicht nur erlaubt, sondern unterstützt würde.

Psychotherapie als Hilfe, Kontrollmuster zu überwinden

Viele Psychotherapieformen zielen darauf ab, Erwachsenen zu helfen, Kontrollmuster zu durchbrechen und damit die Hemmung zu weinen zu überwinden, um sich auf diesem Wege von frühen Traumen zu entlasten. Damit die Therapie effektiver ist, werden die Patienten gebeten, vor Beginn der Behandlung keine Drogen (einschließlich Kaffee, Alkohol und Nikotin) zu sich zu nehmen, um besseren Zugang zu ihren Gefühlen zu bekommen. Der Therapeut oder die Therapeutin hilft dem Patienten, frühe Traumen noch einmal zu durchleben, was oft mit Weinen und Schluchzen einhergeht.

Die Zahl der körperorientierten Psychotherapien nimmt immer mehr zu. Hier versucht der Therapeut mit Hilfe leichter Berührungen, spezieller Tiefendrucktechniken oder Massage eine Muskelsteifigkeit (Kontrollmuster) des Patienten zu lösen, die dazu gedient haben kann, starke Gefühle zu unterdrücken. Andere Therapieformen arbeiten mit Atemübungen, Bewegung oder Veränderungen der Körperhaltung, damit der Klient seine Weinhemmung überwindet. Wird das Bedürfnis zu weinen erst einmal verstanden und erkannt, können die Menschen meist selbst zulassen, dass sie sich durch Weinen heilen. So können sie sich auch von ihrer Abhängigkeit von Kontrollmustern befreien. Allerdings sind manche Kontrollmuster schwerer zu überwinden als andere, und viele davon haben ihren Ursprung im Säuglingsalter. Diese Ursprünge werden in Teil II beschrieben.

Bitte beachten Sie: Falls Sie (legale oder illegale) Psychopharmaka nehmen und diese absetzen möchten, empfiehlt es sich, dies unter strenger ärztlicher Kontrolle durchzuführen. Selbsthilfegruppen sind für sämtliche Arten von Entzug, einschließlich Alkohol und Nikotin, eine zusätzliche Hilfe. Die emotionale Unterstützung durch eine Gruppe kann ausschlaggebend für den Erfolg des Entzugs sein, weil die Betroffenen oftmals starke, bisher unbekannte Gefühle durchleben, die ein Ventil brauchen.

Teil II

Wenn Babys weinen

(Von der Geburt bis zum Alter von einem Jahr)

Erklärungsversuche für das Weinen im Babyalter

Babys weinen oft aus Gründen, die scheinbar nichts mit ihren unmittelbaren Bedürfnissen zu tun haben. Brazelton hat herausgefunden, dass Säuglinge im Durchschnitt anderthalb bis zwei Stunden täglich weinen, und das ohne ersichtlichen Grund.[1] Am häufigsten weinen im Allgemeinen Säuglinge im Alter von sechs bis acht Wochen; danach nimmt das Weinen allmählich ab. Dieses Verhaltensmuster, das für Babys in westlichen Kulturen typisch ist, findet sich beispielsweise auch bei den Säuglingen der !Kungs in Afrika, was nahe legt, dass es nicht nur in Industriegesellschaften auftritt. Trotzdem weinen Kleinkinder in Stammeskulturen insgesamt weniger.[2]

Weinen wegen Koliken?

Die herkömmlichen Erklärungsversuche für das ausgiebige Weinen von Babys konzentrieren sich primär auf mögliche körperliche Gründe. Am häufigsten heißt es hier, dass Babys weinen, weil sie Bauchschmerzen hätten. (Der Begriff »Kolik«, der sich ursprünglich auf Schmerzen bezieht, die auf Blähungen beruhen, steht im Englischen inzwischen auch für »langes Weinen«. Ein Baby, das »eine Kolik« hat, oder ein »kolisches« Baby ist somit eines, das sehr viel weint.) Viele Menschen glauben, dass Koliken auf ein unzureichend entwickeltes Verdauungssystem oder allergische Reaktionen auf irgendwelche Substanzen in der Milch zurückzuführen sind, die das Baby zu sich nimmt.

Es gibt mehrere Gründe dafür, dass die Theorie vom noch nicht voll entwickelten Verdauungssystem unzutreffend ist, um das anhaltende Weinen von Babys zu erklären. Vor allem stimmt dieser Ansatz nicht mit Dr. Spocks Beobachtung überein, dass »kolische« Babys körperlich meistens gut gedeihen. Obwohl sie oft stundenlang weinen, nehmen sie normal zu, manchmal sogar besser als andere Babys.[3] Außerdem hat man bei Babys, die viel und lange weinen, keine Verdauungsstörungen festgestellt – außer in seltenen Einzelfällen.[4]

Obwohl das Weinen im Allgemeinen mit zunehmendem Alter des Kindes abnimmt, haben viele ältere Babys weiterhin Weinanfälle, auch wenn wir davon ausgehen können, dass ihr Verdauungssystem zu dieser Zeit bereits voll entwickelt ist. Eine ausführliche Untersuchung über weinende Babys gelangt zum Ergebnis, dass nur 25 Prozent von ihnen mit etwa drei Monaten aufhören, auffällig oft zu weinen, während weitere 25 Prozent im Alter von neun Monaten immer noch viel weinen.[5]

Röntgenuntersuchungen von Babys mit Koliken haben gezeigt, dass sich während der Weinanfälle keine Luft im Darm der Kinder befindet, sondern eher anschließend, was darauf beruht, dass sie beim Weinen viel Luft verschlucken.[6] Die Tatsache, dass sich Luft in den Gedärmen der Kinder befand, nachdem sie mit dem Weinen aufgehört hatten, zeigt, dass Blähungen für Babys nicht unbedingt schmerzhaft sind. Selbst wenn also ein Baby beim Füttern etwas Luft verschluckt, ist das wahrscheinlich kein Grund zum Weinen.

Unverträglichkeit gegenüber bestimmten Nahrungsmitteln

Manche Menschen glauben, dass Allergien und Abwehrreaktionen gegen bestimmte Nahrungsmittel mögliche Ursachen für Weinanfälle sind. Bei Babys, die mit der Flasche gefüttert werden, taucht sofort der Verdacht auf, sie könnten allergisch auf das Protein in der Kuhmilch reagieren. Manche Babys sind tatsächlich allergisch gegenüber Kuhmilch, deswegen sollte diese Möglichkeit bei anhaltendem Weinen immer bedacht werden. Eine Untersuchung zeigte andererseits, dass bei 32 »normalen«, vier Wochen alten Säuglingen mit Weinanfällen, die man von Kuh- auf Sojamilch umstellte, weder die Dauer und Häufigkeit ihres Weinens noch die Blähungen abnahmen.[7]

Manche Mütter berichten, dass ihre gestillten Babys weniger weinen, wenn sie selbst auf bestimmte Nahrungsmittel verzichten. Die am häufigsten aufgeführten Nahrungsmittel sind dabei Kuhmilch, Koffein, Alkohol, Eier, Nüsse, Zitrusfrüchte, Hülsenfrüchte, Zwiebeln, Erdbeeren, Weintrauben und Weizen. Solange diese Lebensmittel jedoch nicht zuerst weggelassen und dann in den Speiseplan der Mutter wieder einbezogen werden, um zu sehen, ob das Weinen wieder häufiger auftritt, können wir nicht sicher sein, dass die Ernährungsgewohnheiten der Mutter wirklich primär für das Weinen verantwortlich sind.

In einer Untersuchung, welche die Auswirkungen des Verzehrs von Kuhmilch von stillenden Müttern erforschte, fanden die Wissenschaftler heraus, dass etwa 30 Prozent der Babys mit schweren »Koliken« weniger weinten, nachdem die Mütter sämtliche Milchprodukte von ihrem Speiseplan gestrichen hatten. In einer Folgeuntersuchung bat man die Hälfte der Mütter, deren Babys nun weniger schrien, Kapseln mit Kuhmilchprotein zu schlucken, während man der anderen Hälfte Kapseln mit Kartoffelstärke gab (ohne dass die Mütter jeweils wussten, was sie zu sich nahmen). Mehrere der bislang »kolischen« Babys begannen nicht wieder zu weinen, obwohl ihre Mütter täglich Kuhmilch in Kapselform zu sich nahmen. Das führt uns zu dem Schluss, dass die Kuhmilch hier nicht der Auslöser war. Der Prozentsatz von Babys, die durch Kuhmilch in ihrem Wohlbefinden beeinträchtigt wurden, betrug daher weniger als 30 Prozent der ursprünglich als »kolisch« eingestuften Babys.[8]

Eltern, deren Kinder häufig und lange weinen, nehmen manchmal Zuflucht zu dem, was Psychologen mitunter als »abergläubisches Verhalten« bezeichnen. Wenn die Eltern etwas anders machen und das Baby daraufhin am nächsten Tag weniger weint, führen sie das sofort auf ihr verändertes

Verhalten zurück. Das ist verständlich. Tatsache ist jedoch, dass die meisten Babys nach dem Alter von acht bis zwölf Wochen weniger weinen, ganz gleich, wie die Eltern sich verhalten.
Da die traditionellen Erklärungen für das Weinen von Babys also unzureichend sind, müssen wir uns den möglichen emotionalen Ursachen zuwenden. Ich habe festgestellt, dass es nützlich ist, zwei wesentliche Gründe für das Weinen von Babys zu unterscheiden.[9] Eine primäre Funktion des Weinens besteht darin, Bedürfnisse und Unbehagen mitzuteilen, die ein Eingreifen von Seiten der Bezugspersonen verlangen, indem diese das Kind zum Beispiel füttern, es halten, sich ihm zuwenden oder seine Lage verändern. Wenn ein Baby ein Bedürfnis durch Weinen ausdrückt, müssen seine Eltern oder andere Bezugspersonen herausfinden, was es braucht, und sein Bedürfnis so präzise und schnell wie möglich erfüllen.

Emotionale Hintergründe

Eine zweite wichtige Funktion des Weinens bei Babys ist die Stressminderung. Durch das Weinen können Babys die Spannungen abbauen, die auf körperlichen oder emotionalen Stress zurückzuführen sind. So wird ein Baby zum Beispiel weinen, wenn ein älteres Geschwister ihm ein Spielzeug aus der Hand reißt. Dieses Weinen kann selbst dann noch anhalten, wenn ihm das Spielzeug schon zurückgegeben wurde. Das zeigt, dass das Baby nicht nur deswegen weint, weil es das Spielzeug zurückhaben will, sondern weil das Verhalten seines Geschwisters ihm emotionalen Schmerz bereitet. Mit Sicherheit empfindet das Baby Frustration und Empörung, vielleicht auch Verwirrung und Angst. Diese Gefühle werden von Spannung und Erregung begleitet, und das Kind muss sich davon entlasten, bevor es in den Ruhezustand zurückkehren und mit der Erforschung des Spielzeugs fortfahren kann. Das Weinen ist in diesem Beispiel keine Verletzung, sondern *der Prozess, die Verletzung zu überwinden.*

Man hat den Kortisolspiegel im Speichel von Babys als Maßstab für ihren Stress benutzt. (Wie bereits in Teil I erwähnt, ist Kortisol eines der Glukokortikoide, die aufgrund der Stimulation der Hirnanhangsdrüse durch adrenocorticotrope Hormone – ACTH – vom Adrenalinkortex bei Stress ausgeschieden werden.) Der Kortisolspiegel ist bei Babys während der Geburt und unmittelbar danach vergleichsweise hoch.[10] Bis zum Alter von sechs Monaten nimmt er allmählich ab und bleibt dann relativ konstant.[11] Das hohe Stressniveau von Babys unter sechs Monaten hilft erklären, warum Weinanfälle in dieser Zeit meistens häufiger auftreten.

Weinen als Reaktion auf belastende Erlebnisse

Um herauszufinden, was Babys Stress bereitet, haben Wissenschaftler den Kortisolspiegel in zahlreichen verschiedenen Situationen gemessen, die vom Kokaingenuss der Mutter in der pränatalen Phase bis zum Schwimmunterricht des Babys nach der Geburt reichen. Dabei hat man herausgefunden, *dass nicht das Weinen selbst die Stressreaktion bei Kindern* auslöst. Vielmehr wird sowohl das Weinen als auch die Stressreaktion durch die belastenden Ereignisse verursacht.[12]

Das Ziel kann also nicht darin bestehen, Babys vom Weinen abzuhalten, sondern die Ursachen für Stress in ihrem Leben zu reduzieren. Im folgenden Kapitel gebe ich einen Überblick über die zahlreichen verschiedenen Arten von Stress, die das Bedürfnis zu weinen bei Babys auslösen.

Ursachen für Stress bei Babys

Vielleicht fragen Sie sich, was im ersten Lebensjahr so belastend ist, dass das Bedürfnis zu weinen entsteht. Wir könnten versucht sein, das Babyalter für eine unbeschwerte Lebensphase ohne Sorgen und Unannehmlichkeiten zu halten. Auch wenn das in einer Hinsicht stimmen mag (Babys müssen nicht arbeiten und auch keine Steuern zahlen), sieht die Wirklichkeit doch etwas anders aus. Die Babyzeit ist eine extrem verletzliche und anstrengende Lebensphase. Einige Quellen für Stress und Traumen sind offensichtlich, andere weniger einsichtig. Es gibt in der Kleinkindzeit sechs Hauptkategorien von Traumen oder Stress: das prä- und perinatale Trauma, unbefriedigte Bedürfnisse, Reizüberflutung, entwicklungsbedingte Frustrationen, körperlicher Schmerz und beängstigende Erlebnisse. Ich werde diese im Folgenden näher erläutern.

Prä- und perinatale Traumen

Spezialisten auf dem Gebiet der pränatalen Psychologie haben nachgewiesen, dass Babys bereits vor der Geburt empfindsam, intelligent, empfänglich und extrem verletzlich sind.[13] Untersuchungen haben belegt, dass Babys, deren Mütter sich in der Schwangerschaft aufgrund von emotionalen, finanziellen oder körperlichen Problemen und familiären Katastrophen extrem belastet fühlten, häufiger weinen.[14]

Die Geburt selbst kann ein schmerzliches, verwirrendes und beängstigendes Erlebnis für Neugeborene sein und zu späteren emotionalen Problemen und Verhaltensstörungen beitragen (wie in Teil I beschrieben). Die nachhaltigsten Geburtstraumen bestehen darin, unter Medikamente gesetzt, mit der Zange geholt oder durch Kaiserschnitt entbunden zu werden, sowie in anhaltenden Wehen oder Sauerstoffmangel. Nach der Geburt kann das Neugeborene es als verwirrend und beängstigend erleben, plötzlicher Kälte, grellem Licht, unsensiblen Berührungen, Lärm oder der Trennung von der Mutter ausgesetzt zu sein.[15] Medizinische Eingriffe wie Ultraschalluntersuchung, Wattestäbchen, Augentropfen und Beschneidung sind ebenso schmerzhaft und beängstigend für Babys. Ich empfehle hier nicht, notwendige medizinische Untersuchungen zu unterlassen. Es ist jedoch wichtig, sich der emotionalen Auswirkungen bewusst zu sein, die solche Prozeduren auf Babys haben, und sie als potenzielle Ursachen für das spätere Weinen der Kinder zu erkennen.

Verstärktes Weinen als Folge von Geburtstraumen

William Emerson, ein Experte auf dem Gebiet pränataler Traumen und Geburtstraumen (und bereits erwähnt in Teil I, Seite 47), stellte fest, dass in einer Untersuchungsgruppe von 200 Kindern 55 Prozent davon Anzeichen für mäßige bis schwere Geburtstraumen zeigten.[16] Babys, deren Mütter eine schwierige Entbindung hatten, weinten häufiger als Babys, deren Geburt problemloser verlaufen war. Eine Untersuchung zeigte, dass Babys, die mit der Zange geholt wurden und deren Mütter sich während der Geburt hilflos fühlten, also häufiger weinten.[17] Eine weitere Untersuchung belegte, dass bei Babys, deren Geburt mit Komplikationen verbunden war, die Wahrscheinlichkeit größer war, dass sie in den ersten 14 Lebensmonaten nachts häufig weinend aufwachten.[18] Auch bei Babys, bei deren Müttern eine Epiduralanästhesie durchgeführt wurde, tritt Weinen häufiger auf.[19]
Babys, deren Geburt schwierig war, sind oft angespannt und reizbar, wahrscheinlich aufgrund eines Übermaßes an

Stresshormonen. Das erklärt auch deren oft zu beobachtende Schlafstörungen. Die Reizung des sympathischen Nervensystems bei Stress wirkt sich auf das Verdauungssystem störend aus. Deswegen können sich Babys, die wegen einer problematischen Geburt oder anderer Traumen stark unter Stress stehen, nach dem Füttern oft unwohl fühlen. Das bringt uns zurück zu der Theorie über Koliken! Die Ursache für die Verdauungsstörungen ist jedoch nicht ein mangelhaft entwickeltes Verdauungssystem, sondern die Stressreaktion des Kindes.

Durch Weinen können diese Babys die Auswirkungen der Stressreaktion vermindern und den Hormonhaushalt des Körpers wieder ins Gleichgewicht bringen. Das Freisetzen von Energie beim Weinen ist notwendig, damit der Zyklus von Stress und Entspannung vollständig abgeschlossen werden kann. Wenn Ihr Baby eine sehr traumatische Geburt hatte, muss es vielleicht mehrere Monate lang täglich eine Stunde oder länger weinen, um den Stress, der durch die Geburt entstand, vollständig abzubauen.

Das Geburtstrauma meines Sohnes lässt sich auf ungewöhnlich lange Wehen (48 Stunden) zurückführen. Als Baby weinte er immer, wenn ich ihm Kleidungsstücke über den Kopf ziehen musste. Vielleicht erinnerte ihn das an den Druck, der bei der langen Geburt auf seinen Kopf ausgeübt wurde. Er hatte in seinem ersten Lebensjahr viele Weinanfälle, die nicht auf unmittelbare Bedürfnisse zurückgeführt werden konnten. Ich hielt ihn dann immer liebevoll und akzeptierte sein Weinen. Mir fiel auf, dass sein Weinen intensiver wurde, wenn ich ihm behutsam die Hand auf die Stirn legte. Ich nehme an, dass er zu diesen Zeiten sein Geburtstrauma verarbeitete und sich von seiner Angst und Frustration entlastete. Schließlich konnte ich ihm Hemdchen über den Kopf ziehen und seine Stirn berühren, ohne dass er dagegen protestierte.

Unbefriedigte Bedürfnisse

Eine zweite Quelle von Stress in der Babyzeit sind unbefriedigte Bedürfnisse, vor allem die nach Berührung und Gehaltenwerden. Die ersten neun Monate nach der Geburt gelten als entscheidende Zeit für das Bedürfnis nach Körperkontakt. Babys entwickeln sich am besten, wenn ihre Bezugspersonen dieses Bedürfnis angemessen erfüllen.

> Babys, die getragen werden und viel Körperkontakt erfahren, weinen weniger

Es gibt eine interessante Untersuchung über die Auswirkungen des längeren Tragens von Babys. Die Forscher baten eine Gruppe von Müttern, ihre Babys täglich zwei Stunden mehr als bisher zu tragen. Eine weitere Gruppe von Müttern (die Kontrollgruppe) wurde gebeten, für zusätzliche visuelle Reize zu sorgen. Als die Babys sechs Wochen alt waren, verglichen die Forscher die Häufigkeit des Weinens in beiden Gruppen. Die Mütter, die ihre Kinder häufiger herumtrugen, berichteten, dass diese im Alter von sechs Wochen täglich eine Stunde weniger weinten als die Kinder in der Kontrollgruppe.[20] Je häufiger Babys gehalten werden, desto weniger müssen sie also weinen.

Enger Körperkontakt wirkt sich nicht nur tagsüber, sondern auch nachts wohltuend auf Babys aus. In traditionellen Kulturen schlafen die Mütter meistens bei ihrem Baby. Leider wird in technisch zivilisierten Ländern, in denen man das Bedürfnis des Babys nach körperlichem Kontakt beim Schlafengehen oder in der Nacht oft nicht beachtet, eher davon abgeraten.

In prähistorischen Zeiten schliefen Babys – wie alle anderen Säugetiere auch – wahrscheinlich bei ihren Müttern, um es warm zu haben, beschützt zu sein und bei Bedarf gleich gestillt zu werden. Auch wenn es seitdem viele grundlegende gesellschaftliche Veränderungen gegeben hat, sind unsere körperlichen und emotionalen Bedürfnisse die gleichen geblieben. Die heute geborenen Babys sind genetisch auf den Lebensstil der Sammler und Jäger des Steinzeitalters programmiert und erwarten, dass ihr natürliches Bedürfnis, gehalten zu werden, von den Erwachsenen erfüllt wird.[21] Das bedeutet, sie brauchen bei Tag *und bei Nacht* engen Körperkontakt.

Viele Eltern fragen sich heute, ob es richtig ist, getrennt von ihrem Kind zu schlafen, und kehren zum natürlichen Verhalten zurück, ihr Baby mit in ihr Bett zu nehmen. Einige Eltern berichten, dass ihr Baby weniger weinte, nachdem sie anfingen, es bei sich schlafen zu lassen. Viele empfinden eine engere Bindung zu ihrem Kind. Das »Familienbett« wird in immer weiteren Kreisen akzeptiert und empfohlen.[22]

Reizüberflutung

Informationsüberlastung ist eine weitere potenzielle Quelle von Stress für Babys. Sie sind sehr anfällig für Reizüberflutung, da ihr Nervensystem bei der Geburt noch nicht voll entwickelt ist. Außerdem fehlt es Säuglingen an Informationen über die Welt, deswegen können sie neue Erfahrungen nicht so leicht verstehen und verarbeiten. Babys haben viel zu lernen, und das alles ist zunächst einmal sehr verwirrend. Forscher haben herausgefunden, dass grelles Licht und laute Geräusche für früh geborene Babys eine Überreizung darstellen, während sanftes Wiegen und Töne, die dem Herzschlag gleichen, ihnen gut tun.[23] Das überrascht nicht, denn Babys sind vom Mutterleib her an sanftes Wiegen und das Geräusch des Herzschlags gewohnt.

> **Die vielen Lärm- und Lichtquellen unserer Zeit überfordern das Baby**

In vielen traditionellen Gesellschaften hält die junge Mutter sich bis zu sechs Wochen nach der Geburt mit ihrem Baby an einem warmen, ruhigen, dunklen Ort auf, während andere Frauen sie versorgen. So hat die junge Mutter genug

Zeit und Ruhe, eine enge Bindung zu ihrem Kleinkind zu entwickeln. Außerdem wird das Neugeborene vor Reizüberflutung geschützt und hat Zeit, sich von möglichen Geburtstraumen zu erholen. Meistens besteht im ersten Jahr zwischen Mutter und Baby ein enger körperlicher Kontakt, sowohl am Tag als auch in der Nacht. Das könnte eine Erklärung dafür sein, warum die Babys in diesen Kulturen durchschnittlich weniger weinen als Babys in Industrienationen.

Neugeborene Kinder in Industrieländern werden mit überwältigend vielen Reizen bombardiert, was bereits mit dem Lärm auf der Säuglingsstation im Krankenhaus beginnt. Zu Hause geht es dann weiter mit den Geräuschen der anderen Familienmitglieder, Straßenlärm, Fernsehen, Video, Computer, Radio, Telefon, Haustürklingel, Toilettenspülung, Dusche, Geschirrspülmaschine und Staubsauger. Darüber hinaus wird von diesen Babys auch noch erwartet, dass sie diesen Lärm getrennt vom mütterlichen Körper mit seinen vertrauten Lauten ertragen. Kein Wunder, dass die Babys in westlichen Gesellschaften so viel weinen!

Brazelton hat beobachtet, dass es nach aktiven Anstrengungen des Babys, wach und aufmerksam zu sein, oft zu Phasen des Weinens kommt. Er empfiehlt, »diese Phasen aktiven Weinens als Zeiten der Entladung von zu starken Reizen und Wiedererlangung der Homöostasis zu betrachten«.[24]

Vielen Eltern fällt auf, dass ihr Baby nach neuen Eindrücken und Geräuschen häufiger weint. Hier ein Beispiel:

Als mein Sohn vier Monate alt war, fuhren wir eine Woche nach San Francisco. Dies war seine erste Reise und sein erster Eindruck von einer großen Stadt. Er war die ganze Zeit über sehr wach und weinte nicht viel. Am Abend des Tages jedoch, als wir nach Hause zurückkehrten, weinte er anderthalb Stunden in meinen Armen. So lange hatte er bislang noch nie ununterbrochen geweint. Zwischendurch hörte er zwar immer wieder kurz auf, um jedes Mal, wenn er sich sein vertrautes Bettchen anschaute, aber erneut zu weinen anzufangen.

Entwicklungsbedingte Frustrationen

Babys sind manchmal sehr frustriert und weinen wütend. Dieses ärgerliche Weinen ist nicht so dramatisch wie bei Kindern, die älter als ein Jahr sind, und wird meistens auch nicht als »Wutanfall« bezeichnet. Trotzdem treten Babys bei solchen Weinanfällen oft mit den Beinen und schlagen mit den Armen um sich, was durchaus als Mini-Wutausbruch betrachtet werden kann.

Die Absicht, etwas Neues zu lernen, geht der Fähigkeit, es zu beherrschen, voraus. Zwischen dem Wunsch des Babys, etwas Neues zu tun, und seinen sich entwickelnden Fähigkeiten klafft immer eine zeitliche Lücke. Frustrationen in dieser Lücke können als normaler Bestandteil des Lernprozesses angesehen werden. Deswegen werden sie als »entwicklungsbedingte Frustrationen« bezeichnet. So kann zum Beispiel ein drei Monate altes Kleinkind frustriert sein, wenn es vergeblich versucht, nach etwas zu greifen, weil es noch nicht gelernt hat, die Hand dorthin zu lenken, wo es sie hinhaben will. Diese Frustrationen sammeln sich an und werden dann durch periodisches Weinen entladen.

Vor dem Erlernen neuer Fähigkeiten, wie der nach etwas zu greifen oder zu krabbeln, kommt es oft zu Quengelphasen.[25] Wenn Ihr Baby häufiger als üblich weint, baut es vielleicht Frustrationen ab, die auf intensiven Bemühungen beruhen, etwas Neues zu lernen. Achten Sie darauf, ob es neue Fähigkeiten zeigt!

Körperlicher Schmerz

Körperlicher Schmerz ist ein offensichtlicher Grund dafür, dass Babys Stress empfinden und weinen. Untersuchungen haben gezeigt, dass der Kortisolspiegel bei Babys nach Impfungen und chirurgischen Eingriffen steigt.[26] Wenn ein Baby viel weint, sollte immer die Möglichkeit in Betracht gezogen

Tränen als Ausdruck körperlicher Schmerzen

werden, dass es Schmerzen hat. Das ist besonders dann wahrscheinlich, wenn das Weinen länger anhält als üblich oder einen anderen oder dringenderen Unterton hat. Vielleicht hat das Kind körperliche Beschwerden, die sofort behandelt werden müssen. Eine Grundaussage dieses Buches jedoch lautet, dass nicht jedes Weinen durch unmittelbare Bedürfnisse oder Beschwerden ausgelöst wird.

Bei der fieberhaften Suche nach Abhilfe wird Weinen oft auf Koliken zurückgeführt. Wie im vorherigen Kapitel »Erklärungsversuche für das Weinen im Babyalter« bereits erwähnt, hat man jedoch festgestellt, dass Blähungen nicht die primäre Ursache für das Weinen von Babys darstellen. Unbewältigter Stress kann jedoch zu Verdauungsträgheit und leichtem Unwohlsein nach dem Füttern führen, da sich die Stressreaktion auf das Verdauungssystem (vor allem auf das sympathische Nervensystem) auswirkt. Wenn eine Veränderung der Körperlage oder eine sanfte Massage dem Baby hilft, sich besser zu fühlen, ist es natürlich sinnvoll, zu diesen Mitteln zu greifen. Das zugrunde liegende Problem wird jedoch erst dann gelöst, wenn das Baby seinen Stress durch Weinen abbauen kann.

Manche Menschen führen das Weinen von Babys auf Schmerzen beim Zahnen zurück. Das Zahnen kann bewirken, dass Babys etwas reizbar sind und klammern, ist aber wahrscheinlich in den seltensten Fällen eine ernst zu nehmende Ursache für anhaltende Weinanfälle. In sämtlichen Fällen jedoch, wo Schmerzen vermutet werden, empfehle ich dringend, alles zu versuchen, um die Beschwerden des Babys zu lindern, bevor Sie davon ausgehen, dass es einfach nur weinen muss.

Weitere Ursachen für Schmerz und Unwohlsein bei Babys sind die unvermeidlichen Stöße und Verletzungen, wenn sie zu krabbeln beginnen. In allen Fällen von Krankheit oder Schmerz sollte die medizinische Versorgung und Behand-

lung ergänzt werden durch die uneingeschränkte Erlaubnis für das Baby, weinen und wüten zu dürfen.
Das Weinen, das auf Verletzungen beruht, kann länger anhalten als der körperliche Schmerz selbst, denn das Kind empfindet, wie schon angedeutet, auch emotionalen Schmerz (meistens Angst und Verwirrung). Das folgende Beispiel aus dem Leben meiner Tochter zeigt, wie körperlicher Schmerz die Ursache für ein Weinen war, das erst später am Tag einsetzte.

Im Alter von neun Monaten ging Sarah gern mit mir in Spielgruppen, um sich dort mit anderen Babys auszutauschen. Eines Morgens saß ich in der Spielgruppe mit ihr auf dem Fußboden und sie trank zufrieden an meiner Brust. Ohne Vorwarnung krabbelte ein anderes Baby auf uns zu, grapschte nach Sarahs Haaren und zog daran, so fest es konnte! Sarah begann zu weinen, aber es gab viele Ablenkungen, und ich hatte das Gefühl, dass sie nicht so lange weinte, wie sie es gebraucht hätte. Auf der Rückfahrt nach Hause schlief sie im Auto ein. An dem Abend weinte sie über eine Stunde heftig, während ich sie im Arm hielt. Mir fiel auf, dass sie noch lauter weinte und meine Hand wegstieß, wenn ich ihr sanft über das Haar strich – was sie vorher noch nie getan hatte. Nach dem Weinen fiel sie friedlich in den Schlaf und schlief tief und ruhig. Am nächsten Tag protestierte sie nicht mehr, wenn ich ihr Haar berührte. Sie schien den Vorfall verarbeitet zu haben.

Beängstigende Erlebnisse

Babys bekommen leicht Angst. Auch das kann eine mögliche Ursache für ihr Weinen sein. Wenn Sie ein Neugeborenes abrupt bewegen und seine Arme nicht in Sicherheit sind, erschreckt es und reagiert mit dem »Moro-Reflex«. Bei diesem Reflex biegen sich beide Arme plötzlich nach innen, als wolle das Kind sich selbst festhalten. Manchmal beginnt das Kind auch zu weinen. Und oft ist es der Reflex selbst, der es erschreckt.

Trennungsängste

Haben Babys erst einmal eine Bindung zu ihren primären Bezugspersonen entwickelt, was etwa im Alter von sechs bis acht Monaten der Fall ist, können Trennungen von diesen Menschen beängstigend wirken. Forscher haben festgestellt, dass neun Monate alte Babys, die eine halbe Stunde von ihren Müttern getrennt wurden, einen erhöhten Kortisolspiegel im Speichel aufwiesen, was darauf hinwies, dass diese Trennungen ihnen Stress bereiteten. War das Kind jedoch mit einer anderen Bezugsperson zusammen, die warmherzig war, auf es einging und sich ihm zuwandte, stieg sein Kortisolspiegel nicht.[27] Trennungsangst gilt als Zeichen für eine normale, gesunde Entwicklung. Sie kann jedoch eine neue Quelle von Stress im Leben von Babys sein, so dass sie in Situationen weinen, die früher keinen Protest auslösten (vgl. Teil III, Kapitel »Weinen bei Trennungen«, wo ich näher auf die Trennungsangst eingehe).

Babys sind extrem sensibel für die Stimmung der Menschen, die sie umgeben. Wenn Eltern und andere Bezugspersonen ungeduldig, vorwurfsvoll, ärgerlich, ängstlich oder depressiv sind, werden Babys ängstlich und verwirrt. Die Krankheit der Mutter oder die Kopfschmerzen des Vaters können dazu führen, dass das Baby Angst bekommt, denn die Eltern verhalten sich in diesem Falle anders als sonst und sind weniger aufmerksam. Es gibt keine perfekten Eltern. Wir alle fühlen uns an manchen Tagen gestresst und verlieren die Geduld mit unseren Kindern. Das ist kein Grund für Schuldgefühle. Es ist jedoch wichtig, uns daran zu erinnern, dass das eine mögliche Quelle von Stress für Babys ist und ihr Bedürfnis zu weinen wachsen kann.

Das elterliche Verhalten beeinflusst unmittelbar die Gefühle des Babys

Ich erinnere mich an einen dramatischen Vorfall, zu dem es kam, als ich in Santa Cruz, Kalifornien, einen Workshop leitete. Dieses Beispiel zeigt, wie sensibel Babys für die Stimmungen anderer Menschen sind:

An dem Workshop nahmen etwa 20 Erwachsene und ein sechs Monate altes Baby teil. Während der Veranstaltung fühlte sich eine der Frauen krank und ging in ein Nebenzimmer, um sich hinzulegen. Einige Menschen begleiteten sie, um sich um sie zu kümmern. Nach einer Weile kehrte eine von ihnen in den Seminarraum zurück und verkündete, dies sei ein Notfall und sie werde einen Krankenwagen rufen. Da ging ein heftiges Erschrecken durch die Gruppe, und das Baby begann sofort zu weinen. Ich regte an, dass wir uns alle um die Mutter versammelten, die das Baby ruhig in den Armen hielt und sein Weinen akzeptierte. Nachdem der Krankenwagen gekommen und die kranke Frau in die Klinik gebracht war, schlug ich vor, dass jeder sich einen Partner suchen und die beiden sich gegenseitig ihre Gefühle mitteilen sollten. Mehrere Erwachsene weinten bei dieser Übung. Dann machten wir eine Pause, in der wir erfuhren, dass der Frau Wasser abgenommen worden war und es ihr jetzt im Krankenhaus schon besser ging. Zu diesem Zeitpunkt hatte das Baby aufgehört zu weinen. Wahrscheinlich hatte es das Entsetzen im Raum gespürt und daraufhin Angst bekommen. Sein hemmungsloses Weinen war Ausdruck der Angst, die wir alle empfanden. Das machte uns eindringlich deutlich, dass Babys wache und sensible kleine Menschen mit intensiven Gefühlen sind.

Manchmal frage ich mich, was die Notärzte wohl dachten, als sie das Haus betraten, in dem wir uns befanden, und eine große Gruppe von erwachsenen Menschen sahen, die sich alle um ein weinendes Baby versammelt hatten!

Was tun, wenn Babys weinen?

Wenn das Weinen Ihres Babys Sie beunruhigt oder wenn Sie vermuten, dass es krank ist oder Schmerzen hat, sollten Sie einen kompetenten Arzt hinzuziehen, denn das Weinen des Kindes kann ein Hinweis auf ernsthafte Beschwerden sein. Der Rat, den ich in diesem Buch gebe, ist nicht als Ersatz für ärztlichen Beistand oder ärztliche Behandlung gedacht. Wenn Ihr Arzt Ihnen jedoch sagt, dass Ihrem Baby nichts fehlt und sein Weinen ein normales Quengeln ist oder auf einer »Kolik« beruht, sollten Sie weiterlesen.

Früher riet man den Eltern von weinenden Babys, das Kind zu ignorieren, sobald alle seine unmittelbaren Bedürfnisse erfüllt waren. Viele Menschen glaubten, man könne Babys »einfach weinen« lassen, ohne dass ihnen das schade. Man warnte Eltern eher, sie würden ihr Baby »verwöhnen«, wenn sie auf jedes Weinen eingingen. Eine andere Version dieser Ratschläge lautet, man solle weinende Babys in ihrem Bettchen liegen lassen, aber alle fünf Minuten zu ihnen gehen und ihnen den Rücken klopfen. Wenn wir solchen Anweisungen folgen, fügen wir Kindern Schaden zu. Babys, deren Weinen ignoriert wird, und sei es nur für fünf Minuten, fühlen sich allein gelassen, ohnmächtig und geraten in große Angst und Verwirrung. Außerdem werden sie das grundlegende Gefühl von Vertrauen, das für ein optimales emotionales Wachstum ausschlaggebend ist, nicht entwickeln. *Man sollte weinende Babys niemals alleine lassen.*

Lassen Sie Ihr weinendes Baby nie allein!

Das andere Extrem, in neueren Handbüchern für Eltern häufig empfohlen, besteht darin, das Baby jedes Mal, wenn es weint, hochzunehmen und Verschiedenes zu probieren, um es zu beruhigen. Das Ziel besteht hier darin, das Baby vom Weinen abzuhalten. Man steckt dem Baby meistens etwas in den Mund (Brust, Flasche oder Schnuller), bewegt es rhythmisch oder gibt beruhigende Töne von sich. Diese Gewohnheiten werden im Kapitel »Wie das Weinen von Babys unterdrückt wird« ausführlicher erläutert.

Mein Rat sieht völlig anders aus als diese beiden Extreme. Ich empfehle, ein weinendes Baby immer hochzunehmen und im Arm zu halten. Wurde jedoch erst einmal klargestellt, dass keine unmittelbaren körperlichen Bedürfnisse vorliegen, dass zum Beispiel das Kind keinen Hunger hat und nicht friert, besteht das Ziel nicht darin, das Kind vom Weinen abzuhalten, sondern sich ihm aufmerksam zuzuwenden und sein Weinen zu akzeptieren. So fühlt ein Baby, das Stress durch Weinen abbauen muss, sich sicher und geliebt. Der Versuch, das Baby vom Weinen abzulenken, bringt sehr wenig, denn er schiebt das Weinen nur auf. Wenn die Ablenkung vorbei ist, wird das Baby weiterweinen müssen.

Weinende Babys brauchen uneingeschränkte Zuwendung

Dieses Vorgehen, bei dem wir das Weinen unterstützen, stellt auch sicher, dass Eltern ihrem Kind von Anfang an gut zuhören lernen. Viele Eltern hören ihrem Baby nicht wirklich zu und vermitteln ihm weder die emotionale Sicherheit noch die Erlaubnis, die es braucht, um fühlen oder weinen zu können. Alle Menschen müssen sich von Emotionen entlasten können, und Babys sind da keine Ausnahme. Es ist gut und wichtig für Babys zu weinen, aber sie sollten dabei nicht allein sein.

Manche Eltern und andere Bezugspersonen fragen sich, was sie sagen oder tun sollen, wenn sie ein weinendes Baby halten. Wenn Ihr Baby das nächste Mal weint und Sie kein unmittelbares Bedürfnis oder sonstige Unannehmlichkeiten feststellen können, empfehle ich Ihnen, an die folgenden Vorschläge zu denken:

So verhalten Sie sich bei einem weinenden Baby

(nachdem sämtliche unmittelbaren Bedürfnisse gestillt wurden)

- Nehmen Sie Ihr Baby auf den Arm, setzen Sie sich in einen bequemen Stuhl und betrachten Sie sein Gesicht. Wenn seine Augen offen sind, schauen Sie ihm in die Augen. Spüren Sie seine Energie und Lebenskraft. Halten Sie es ruhig, ohne es auf Ihrem Schoß hüpfen zu lassen oder es hin und her zu schaukeln.
- Atmen Sie ein paar Mal tief durch und versuchen Sie sich zu entspannen. Spüren Sie die Liebe, die Sie für Ihr Baby empfinden.
- Sprechen Sie mit Ihrem Baby. Sagen Sie zu ihm: »Ich hab dich lieb. Ich höre zu. Du bist sicher bei mir. Ich werde bei dir bleiben. Es ist in Ordnung, wenn du weinst.« Sie können auch versuchen, die Ursache für das Weinen herauszufinden, und Ihre Gedanken aussprechen: »Hattest du einen schweren Tag? Vielleicht haben wir heute zu viel unternommen.« Sagen Sie Ihrem Kind, dass Sie verstehen, wie schwer es ist, ein Baby zu sein. Lassen Sie es wissen, dass Sie ihm helfen möchten, sich besser zu fühlen.
- Achten Sie auf Ihre eigenen Gefühle. Wenn Sie mit dem Baby zusammen weinen müssen, dann tun Sie es. Sagen Sie ihm, dass Sie traurig sind.

- Wenn das Kind sich Ihnen entwindet oder Sie nicht anschaut, können Sie sagen: »Bitte, schau mich an. Ich bin da. Ich möchte, dass du dich bei mir sicher fühlst.« Berühren Sie das Kind behutsam am Arm oder im Gesicht, um ihm deutlich zu machen, dass Sie körperlich präsent sind. Seien Sie nicht überrascht, wenn das Kind daraufhin noch lauter weint.
- Bleiben Sie bei Ihrem Baby und halten Sie es weiter liebevoll, bis es spontan zu weinen aufhört.

Viele Babys, vor allem Säuglinge, weinen mit geschlossenen Augen, hören zwischendurch aber regelmäßig auf, um zu schauen, ob Sie immer noch aufmerksam für sie da sind. Wenn das Kind dann sicher ist, dass Sie emotional immer noch präsent sind, schließt es seine Augen wieder und weint weiter. Andere weinen mit offenen Augen und beobachten Sie die ganze Zeit. Es ist wichtig, Augenkontakt zu halten, wenn Ihr Baby Sie anschaut.
Folgende Erfahrung machte ich mit einem weinenden Baby, das sich anfangs weigerte, mich anzuschauen:

Ich besuchte eine Party im Hause einer Freundin, und ihr drei Monate altes Baby begann zu weinen. Ich bot an, es zu halten, und meine Freundin war einverstanden. Sie wusste, dass der Junge keinen Hunger hatte. Ich hielt ihn und versuchte nicht, ihn vom Weinen abzulenken. Schon bald weinte er heftig in meinen Armen. Ich schaute ihn an und versuchte Augenkontakt zu halten, aber er vermied es, mich anzuschauen. Seine Augen waren entweder geschlossen oder wanderten im Zimmer umher, sahen mich aber nie direkt an. Sein Weinen schien grundlos und ohne konkrete Zielrichtung zu sein. Ich konnte aus seinem Verhalten ersehen, dass er

es nicht gewohnt war, die volle Aufmerksamkeit eines anderen Menschen zu bekommen, während er weinte. Es war, als würde er nicht erwarten, dass ich ihn anschaute. (Er hatte vier ältere Geschwister, und seine Mutter hatte nicht die Zeit, ihm Aufmerksamkeit zu schenken, wenn er weinte, auch wenn sie ihn die meiste Zeit in einem Babytuch mit sich herumtrug.)
Ich hielt ihn weiter, berührte seinen Kopf, Gesicht und Arme und sprach sanft mit ihm, ihm versichernd, dass ich bei ihm sei und er sicher bei mir sei. Nachdem er etwa 20 Minuten so geweint hatte, begann er mir zum ersten Mal direkt in die Augen zu schauen. Dann weinte er noch weitere zehn Minuten sehr heftig. Dieses Weinen schien intensiver und konzentrierter und entspannte ihn spürbar. Danach schlief er in meinen Armen friedlich ein, und ich legte ihn in sein Bettchen. Ein paar Stunden später, nachdem er aufgewacht und gestillt worden war, begrüßte ich ihn, während seine Mutter ihn hielt. Er schaute mich direkt an, schenkte mir ein breites Lächeln und streckte seine Arme nach mir aus. Er schien hoch erfreut, mich zu sehen.

Vielleicht fühlen Sie sich hilflos, wenn Sie ein weinendes Baby halten, doch in Wirklichkeit schenken Sie ihm damit die dringend erforderliche emotionale Unterstützung, während das Kind auf diese Weise seinen Stress entlädt. Zusammenfassend können wir sagen: Das Wichtigste, was wir einem weinenden Baby schenken können, sind enger Körperkontakt, Augenkontakt, verbale Ermutigung und Bestätigung sowie intensives Zuhören.

Weinende Babys zeigen, dass sie sich sicher fühlen

Manche Eltern und andere nahe Bezugspersonen fühlen sich von einem weinenden Baby abgelehnt und glauben, das Kind wolle nicht gehalten werden. Nichts könnte von der Wahrheit weiter entfernt sein. Ihr Baby lehnt Sie nicht ab, wenn es weint. Es fühlt sich einfach sicher genug, Ihnen seine Gefühle zu zeigen, ebenso wie Sie vielleicht in Tränen ausbrechen, wenn ein vertrauter Mensch Sie in die Arme nimmt und Sie zugeben, dass Sie einen schweren Tag hatten. Eltern, die ihre Babys halten und ihnen erlauben, sich in dieser Form auszudrücken, können beobachten, dass ihr Kind nach dem Weinanfall entspannt und zufrieden ist und nachts länger durchschläft.

Sie können davon ausgehen, dass ein Baby in den ersten Monaten mindestens einige Minuten täglich weint, manchmal auch eine Stunde und länger. Wenn das Baby eine schwierige Geburt hatte oder etwas anderes Traumatisches erlebt hat, ist die Wahrscheinlichkeit größer, dass es immer wieder lange weint. Wurde das Weinen viele Monate unterdrückt und Sie fangen gerade an, die Methode dieses Buches anzuwenden, müssen Sie sich ebenfalls auf lange Weinphasen einstellen. Ihr Baby muss vielleicht das Weinen »nachholen«, das bislang mit Hilfe verschiedener »Beruhigungsmethoden« unterdrückt wurde.

Säuglinge schlafen meistens tief und friedlich, nachdem sie geweint haben, und sind danach wach und lebendig. Mehrere Monate alte Babys schlafen nach dem Weinen nicht immer ein, sind aber anschließend ruhig, glücklich und wach.

Manche Neugeborenen bekommen erst Weinanfälle, wenn sie schon einige Wochen alt sind. Vielleicht brauchen sie zunächst all ihre Kräfte, um sich an das Leben außerhalb des Mutterleibs zu gewöhnen. Haben sich die wichtigsten lebensnotwendigen körperlichen Funktionen wie Atmung, Verdauung, Urinieren und Stuhlgang erst einmal eingespielt, haben die Babys die Kraft und Stärke, emotionalen Stress durch Weinen zu bewältigen. Das kann für Eltern, die glaubten, ein »pflegeleichtes« Kind zu haben, eine unangenehme Überraschung sein!

Die Verhaltensmuster beim Weinen sind von Baby zu Baby sehr verschieden, aber es gibt einige allgemeine Tendenzen. Manche Kleinkinder »erledigen« ihr Weinen nicht unbedingt einmal täglich in einem einzigen Weinanfall, vor allem am Anfang nicht. Stattdessen weinen sie mehrmals am Tag für kürzere Zeit, ebenso wie sie den ganzen Tag über (und auch nachts) immer wieder an der Brust saugen und schlafen. Nach einigen Wochen beginnen sie meistens ihre Kräfte für *einen* heftigen Weinanfall täglich zu sammeln. Das passiert oft am späten Nachmittag oder abends, wenn die Eltern gerade zu Abend essen und sich entspannen wollen. Viele Eltern stellen fest, dass das Weinen ihres Kindes im Alter zwischen drei und sechs Monaten abnimmt. Ein Grund dafür kann sein, dass viele Babys zu der Zeit Unterdrückungsmechanismen entwickelt haben (vgl. Kapitel »Wie das Weinen von Babys unterdrückt wird«) oder dass ihr Bedürfnis zu weinen abgenommen hat. Sechs Monate alte Babys haben nicht mehr so viel Stress wie Neugeborene. Im Alter von einem Jahr kann manchmal eine ganze Woche ohne Weinen vergehen, selbst bei Kindern, die nicht vom Weinen abgehalten werden.

Dauer und Häufigkeit des Weinens hängen von vielen Faktoren ab

Wie lange und häufig ein Kind weint, ist sehr unterschiedlich und hängt von seinem Temperament, seiner Sensibilität und dem Maß an Stress ab, dem es ausgesetzt ist. Bei Krankheiten, familiären Konflikten, Veränderungen im Tagesablauf, Reizüberflutung und vor dem Erlernen neuer Fähigkeiten weint das Kind tendenziell häufiger. Viele Babys müssen durch Weinen Spannungen abbauen, bevor sie schlafen können, sei es ein kurzer Schlummer oder der Nachtschlaf.

Auch wenn einige Eltern behaupten mögen, ihr Baby weine »den ganzen Tag«, stimmt das meistens nicht. Diese Eltern sind vielleicht mit dem ständigen Quengeln ihres Kindes konfrontiert, weil sie sein Weinen beharrlich unterdrücken. Eltern, die versuchen, gelassener zu werden und das Weinen ihres Babys zu akzeptieren, stellen fest, dass das Kind daraufhin erst intensiver weint, sein Weinen aber schließlich von selbst aufhört und das Kind anschließend zufrieden und entspannt ist.

Hier ein Beispiel:

Ein zwei Wochen altes Mädchen quengelte den ganzen Morgen. Die Mutter war sicher, dass das Kind Luft im Bauch hatte und nicht aufstoßen konnte. Also klopfte sie ihm den Rücken, rieb seinen Bauch, stillte und wog es, aber nichts half, das Kind quengelte weiter. Auf meinen Vorschlag hin nahm die Mutter ihre Tochter schließlich einfach auf den Arm, schaute sie an und strich ihr behutsam über die Stirn. Das Quengeln entwickelte sich schnell zu einem heftigen Weinen, das eine Stunde anhielt. Danach schlief das Baby ein und wachte später bei bester Laune auf. Es war ruhig und entspannt und hatte ganz wache Augen. Das Mädchen schaute seine Mutter direkt an und lächelte flüchtig. Es quengelte den ganzen Tag nicht mehr.

Babys in Tageskrippen »sparen« sich ihr Weinen manchmal für die Eltern auf. Das kann zunächst unverständlich sein. Das Krippenpersonal versichert den Eltern, dass ihr Baby den ganzen Tag lang völlig glücklich und zufrieden gewesen sei, und die Eltern können nicht verstehen, warum ihr Baby zu Hause jeden Abend weint. Es ist jedoch ganz natürlich, dass Babys (und kleinere Kinder) in Anwesenheit ihrer primären Bezugspersonen mehr weinen, weil sie sich bei ihnen sicherer fühlen.

In der Krippe ruhig – zu Hause ständiges Weinen?

In Teil IV gebe ich im Kapitel »Eltern teilen ihre Erfahrungen mit« weitere Beispiele für die praktische Anwendung dieses Ansatzes. Dort zitiere ich Briefe von Eltern, die ihre Erfahrungen mit weinenden Kindern zum Ausdruck bringen.

Wie Sie Stress und das Bedürfnis zu weinen im Babyalter verringern können

Hat ein Baby weniger Stress, nimmt auch sein Bedürfnis zu weinen ab. Im Folgenden mache ich einige Vorschläge, wie Sie Stress und das daraus meist folgende Weinen im Babyalter verringern können.

Tipps für weniger Stress im Babyalter

- Bemühen Sie sich um eine möglichst stressfreie Schwangerschaft.
- Streben Sie eine Geburt ohne Medikamente und medizinische Eingriffe an.
- Wenn irgend möglich, stillen Sie Ihr Baby.
- Wenn Sie stillen, verzichten Sie auf Medikamente, Drogen oder Nahrungsmittel, die sich schädlich auf Ihr Baby auswirken können.
- Sorgen Sie für engen Körperkontakt, sowohl tagsüber als auch nachts.
- Befriedigen Sie die Bedürfnisse des Babys sofort; verhindern Sie Frustrationen.
- Vermeiden Sie Reizüberflutung.
- Schützen Sie Ihr Baby vor schädlichen und beängstigenden Erlebnissen.
- Vergessen Sie Ihre eigenen körperlichen und emotionalen Bedürfnisse nicht.

Bemühen Sie sich als Erstes um eine stressfreie Schwangerschaft und Geburt. Achten Sie auf sich selbst, ernähren Sie sich richtig, verzichten Sie auf Drogen und Medikamente, die Ihrem Baby schaden könnten, und suchen Sie sich emotionale Unterstützung. Nehmen Sie an Geburtsvorbereitungskursen teil und bereiten Sie sich so gut wie möglich auf eine Geburt ohne Medikamente und medizinische Eingriffe vor. Wenn sich die Geburt als schwierig erweisen sollte, denken Sie daran, dass Sie keine Schuld trifft und dass Sie selbst und Ihr Baby Heilung finden können.

Versuchen Sie nach der Geburt die Entwicklung einer starken Bindung durch körperlichen Kontakt zu fördern. Stillen Sie Ihr Baby, wenn möglich. Das ist in jedem Fall die beste Ernährungsmethode. Sie können das Bedürfnis Ihres Babys nach körperlicher Nähe noch mehr erfüllen, indem Sie es in einem Tragetuch oder -sack vor dem Bauch tagsüber so oft wie möglich herumtragen und es nachts bei Ihnen schlafen lassen. Warten Sie nicht, bis Ihr Baby weint, bevor Sie es tragen. *Halten und tragen Sie Ihr Baby auch dann, wenn es nicht weint.*

Tragen Sie Ihr Baby so oft wie möglich

Wenn Sie stillen, sollten Sie keine Drogen oder Medikamente zu sich nehmen, die Ihrem Baby schaden könnten, und auch Nahrungsmittel meiden, welche den Geschmack der Milch beeinträchtigen, sich schädlich auf die Verdauung des Kindes auswirken oder allergische Reaktionen bei ihm hervorrufen. Weinen Sie selbst, wenn Ihnen danach ist. Viele Mütter stellen fest, dass sie nach der Geburt leichter weinen können. Das beruht zum Teil auf der Wirkung des Hormons Prolaktin, das eine wichtige Rolle bei der Milchproduktion spielt, aber auch die Hemmschwelle zu weinen verringert. Man hat herausgefunden, dass Prolaktin aktiv auf die Tränendrüsen einwirkt. Je höher die Prolaktinkonzentration im Körper, desto stärker die Tendenz, Tränen zu vergießen.[28] Vielleicht sorgt die Natur auf diesem Wege dafür, die Konzentration von Stresshormonen im Körper der Mutter zu

Weinen ist gut für Sie *und* Ihr Baby

verringern. Das wiederum reduziert die Stresshormone in der Muttermilch. Wenn Mütter weinen, hilft das auch ihnen, Druck abzulassen und sich im Umgang mit ihren Babys entspannter zu fühlen. Versuchen Sie also nicht, Ihr eigenes Bedürfnis zu weinen zu unterdrücken. Weinen ist gut für Sie *und* für Ihr Baby.

Tun Sie Ihr Bestes, um die Bedürfnisse Ihres Kindes so schnell wie möglich zu erfüllen. Gehen Sie sofort zu ihm, wenn es weint. Versuchen Sie herauszufinden, was es braucht. Füttern Sie es, wenn es Hunger hat (aber überfüttern Sie es nicht). Versuchen Sie Frustrationen zu vermeiden. Außerdem sollten Sie einer Reizüberflutung vorbeugen. Denken Sie daran, dass kleinere Babys leichter überreizt sind als ältere, seien Sie hier also besonders in den ersten drei Monaten vorsichtig. Die besten Erfahrungen für Neugeborene sind die, welche denen im Mutterleib ähneln: sanftes Wiegen, Kuscheln, die Stimme der Mutter. Wenn Sie Ihr Baby zu einem turbulenteren Ereignis wie einer Party mitnehmen müssen, können Sie eine Überreizung verhindern, indem Sie es eng am Körper tragen, so dass es den Duft und die Geräusche wahrnimmt, die ihm vertraut sind. Einen Umzug oder eine größere Reise sollten Sie in den ersten sechs Monaten möglichst vermeiden. Einige Babys können mehr Reize verkraften als andere. Finden Sie also heraus, wo die Reizschwelle Ihres Kindes liegt.

Achten Sie darauf, Ihrem Baby möglichst keine Schmerzen zuzufügen. Schreien Sie es nicht an, schlagen Sie es nicht, schütteln oder bestrafen Sie es nicht. Das gibt ihm nur noch mehr Grund zum Weinen. Wenn Sie Ihr Kind anderen Personen überlassen, sollten Sie darauf achten, dass diese Menschen warmherzig sind und auf das Kind eingehen. Lassen Sie Ihr Baby nicht bei Fremden, wenn es dagegen protestiert. Versuchen Sie, Familienstreitigkeiten und lautes Schreien außer Hörweite Ihres Babys auszutragen. Wenn Sie sich trotzdem vor Ihrem Baby streiten, sollten Sie dafür sorgen,

dass es auch erlebt, wie Sie sich wieder vertragen. Tun Sie Ihr Möglichstes, das Baby vor Aggressionen seiner Geschwister zu schützen.
Wenn Ihr Baby Stress hat, wird es das Bedürfnis haben zu weinen. Sie müssen sich dann nicht schuldig fühlen oder sich Vorwürfe machen. Sie können Ihrem Baby bei seinem Heilungsprozess sehr helfen und es dabei unterstützen. Am wichtigsten ist: *Lassen Sie Ihr Baby niemals allein weinen.*

Wie das Weinen von Babys unterdrückt wird – Der Ursprung von Kontrollmustern

Es gibt mehrere Methoden, weinende Babys zu »beruhigen«. Sie alle können eine Unterdrückung dieses entscheidenden Heilungsmechanismus bewirken. Wie bereits früher erwähnt, enthalten viele Ratgeber für Eltern ganze Listen von Ablenkungsmanövern, die auch Füttern oder Stillen, Bewegung (bei der das Kind gehalten wird oder auch nicht) und zahlreiche verschiedene Töne und Geräusche beinhalten.
Außer diesen scheinbar menschlichen Vorgehensweisen gibt es noch drastischere Methoden, wie dass Kindern Medikamente gegeben oder sie beim Weinen alleine gelassen werden. Wie ebenfalls bereits erwähnt, wird in manchen Büchern empfohlen, das Kind in seinem Bettchen liegen zu lassen, damit es »sich ausweinen kann«. Dieser Rat wird häufig gegeben, wenn Babys nachts nicht durchschlafen.

Ich empfehle keine dieser Methoden. Babys sollten weder abgelenkt noch ignoriert werden, wenn sie weinen.

Aufgrund dieser zahlreichen Versuche von Eltern und anderer Bezugspersonen, Babys vom Weinen abzuhalten, lernen die meisten Kinder schließlich ihr eigenes Weinen mit Hilfe von Wiederholungsverhalten oder Zwangshandlungen (Kontrollmustern) zu unterdrücken. Die Unterdrückung des Weinens im Babyalter geht so tief, dass die meisten Babys im Alter von sechs Monaten gut entwickelte Kontrollmuster zeigen. Diese Verhaltensmuster dienen dazu, starke Gefühle zu unterdrücken. Verbreitete Kontrollmuster bei Babys sind zum Beispiel, am Daumen oder Schnuller zu lutschen, die häufige Forderung nach der Brust oder dem Fläschchen – nicht aus Hunger, sondern um getröstet zu werden, und das Klammern an ein bestimmtes Objekt wie eine Decke oder einen Teddybären.

Babys lernen ihr Weinen mit Kontrollmustern zu unterdrücken

Die meisten dieser Methoden schieben das Weinen nur auf, indem sie das Baby vorübergehend ablenken. Durch die rhythmische Wiederholung, die diesen Verhaltensmustern zu Eigen ist und die eine hypnotische Wirkung hat, kann das Kind leicht »beruhigt« werden. Ist Ihnen schon einmal aufgefallen, dass Babys, die am Daumen oder Schnuller lutschen, oft wie in Trance zu sein scheinen und eine verminderte Reaktionsfähigkeit zeigen? Der Beruhigungseffekt dieser Kontrollmuster ist jedoch nur von kurzer Dauer, denn der unterschwellige, angesammelte Stress wird dadurch nicht abgebaut. Kontrollmuster können als eine Form von psychischer Betäubung oder Abspaltung betrachtet werden, als Aktivitäten, mit denen Babys den Schmerz wirkungsvoll ausklammern, aber nicht verarbeiten können.

Ganz gleich, auf welche Weise Sie vielleicht immer wieder versuchen, Ihr Baby vom Weinen abzuhalten, Ihr Vorgehen wird zu seinem Kontrollmuster. Scheinbar braucht das Kind dieselbe Form von Trost jedes Mal, wenn es aufgebracht, verängstigt oder frustriert ist oder viel Stress angesammelt hat. Diese Kontrollmuster, die ein reales Bedürfnis zu sein scheinen, sich in ihren Auswirkungen aber nicht vom Kontroll- oder Suchtverhalten Erwachsener unterscheiden, können zur Krücke werden (vgl. Kapitel »Kontrollmuster bei Erwachsenen« im Teil I).

Wir können uns Kontrollmuster als fehlgeleitete Bindungen vorstellen. Gesund sind Bindungen zu *ganzen* Personen. Babys entwickeln eine natürliche Bindung zu ihren engen Bezugspersonen und dadurch wird eine gesunde Entwicklung gefördert. Wenn diese Personen nicht imstande sind, starke Emotionen aufmerksam anzunehmen, fühlen die Babys sich nicht ganz gesehen oder gehört und entwickeln Ersatzbindungen zu leblosen Dingen (Schnullern, Fläschchen, bestimmten Decken, Stofftieren usw.) oder bestimmten

Kontrollmuster entsprechen fehlgeleiteten Bindungen

Verbreitete Kontrollmuster bei Babys

- Häufiges Saugen an der Brust als Trost (und nicht weil das Kind hungrig ist)
- Am Schnuller lutschen
- Am Daumen nuckeln
- Extremes Klammern
- Auffälliger Bezug zu einer bestimmten Decke oder einem Spielzeug
- Ständige Forderung nach Unterhaltung
- Hyperaktivität
- Das Kind wiegt sich selbst oder schlägt rhythmisch den Kopf

Körperteilen (wie ihrem eigenen Daumen oder der mütterlichen Brust). Diese Ersatzbindungen verhindern wirkliche Nähe und eine gesunde emotionale Entwicklung.
Haben sich diese Verhaltensweisen erst einmal entwickelt, können sie jahrelang andauern. Es ist sehr schwierig, diese Gewohnheiten Ihres Babys zu verändern, wenn Sie nicht anfangen, sein Weinen – wie in diesem Buch beschrieben – zuzulassen und liebevoll zu akzeptieren. Wenn Sie das Weinen Ihres Babys erst einmal annehmen, statt es zu unterdrücken, verschwinden auch diese Kontrollmuster – manchmal sogar ziemlich schnell. In den folgenden Abschnitten erläutere ich die am häufigsten auftretenden Kontrollmuster und ihre Ursprünge.

Stillen als Kontrollmuster

Das Stillen ist ein sehr verbreitetes Kontrollmuster, vor allem wenn die Mütter erkannt haben, wie wohltuend enger Körperkontakt ist. Es kann kein Zweifel daran bestehen, dass das Stillen vorübergehend einen beruhigenden Effekt hat. Dieser hilft dem Baby nach dem Füttern zu entspannen, damit es die Milch besser verdauen kann. Wenn Babys unmittelbar nach dem Stillen aktiv wären oder weinten, würde ihnen das eher schaden. Sie würden dann Milch spucken oder Luft schlucken, was zu Verdauungsstörungen führte.
Manche Mütter glauben, dass das Stillen eine angemessene Möglichkeit ist, ein Baby zu beruhigen, selbst wenn es nicht hungrig ist. Säuglinge, die häufig auf diesem Wege beruhigt werden, entwickeln sich manchmal zu Babys, die ständig quengeln und fordern, weil sie nie die Chance hatten, ungehindert zu weinen. Schließlich können sie regelrecht süchtig nach dem Stillen werden und jedes Mal die Brust oder die Flasche wollen, wenn sie aus irgendeinem Grund aufgebracht sind, selbst nach einer kleinen körperlichen Verletzung wie einem Stoß am Kopf.

Babys müssen weinen, um sich von den Schmerzen entlasten zu können, die sowohl auf emotionalen als auch auf körperlichen Traumen beruhen. Jeder Versuch, das Weinen zu unterbinden, leistet dem Baby keine guten Dienste, selbst wenn er liebevoll und freundlich gemeint zu sein scheint. Das Bedürfnis zu weinen verschwindet nicht dadurch, dass ein Kind gestillt wird. Es wird einfach nur aufgeschoben. Irgendwann werden die Tränen ausbrechen müssen.

Das Stillen von Babys, die nicht wirklich hungrig sind, verhindert nicht nur das Loslassen schmerzlicher Gefühle, sondern kann noch weitere Probleme nach sich ziehen. Es kann zu häufigem Spucken oder Verdauungsstörungen führen und damit das Unwohlsein des Babys noch verstärken. Wenn das Baby sich bereits gestresst und angespannt fühlt, sind Verdauungsbeschwerden sogar noch wahrscheinlicher. Zu häufiges Saugen an der Brust kann der Anfang der chronischen Gewohnheit sein, immer dann zu essen, wenn man aufgebracht ist. Diese Essstörung ist bei Erwachsenen ziemlich verbreitet. Viele von uns essen zwanghaft, wenn sie ärgerlich, frustriert oder depressiv sind. Dies wiederum führt häufig zu Übergewicht.

Ich habe beobachtet, dass Frauen, die übergewichtig sind, eher dazu neigen, ihr Baby durch Stillen zu beruhigen. Das ist verständlich, weil sie selbst wahrscheinlich gefüttert wurden, wenn sie hätten weinen müssen. Bereits in den ersten Wochen ihres Lebens wurde Essen zu einem Weg, die eigenen starken Gefühle zu unterdrücken. Deswegen gehen sie davon aus, dass ihr Baby auf die gleiche Weise beruhigt werden muss.

Das Weinen des Babys sollte nicht durch Stillen unterdrückt werden

Ich habe viele Briefe von Müttern bekommen, die entlastet waren, als sie hörten, dass es nicht ihre Aufgabe ist, jedes Weinen ihres Babys durch Stillen zu unterbinden. Es ist nicht leicht, ein weinendes Baby im Arm zu halten und sonst scheinbar nichts zu tun. Mütter erleben jedoch fast immer wohltuende Veränderungen im Verhalten ihres Babys, nachdem sie angefangen haben, es weniger häufig zu stillen (vgl. Teil IV, Kapitel »Eltern teilen ihre Erfahrungen mit«, wo ich aus einigen dieser Brief zitiere).

Es ist normal, dass Babys jahrelang gestillt werden wollen, auch wenn ihr Saugen an der Mutterbrust kein Kontrollmuster ist. Babys, die nur saugen, um Nahrung aufzunehmen, und damit kein Weinen unterdrücken, entwöhnen sich häufig irgendwann selbst. In welchem Alter diese spontane Entwöhnung geschieht, hängt vom Temperament, der Persönlichkeit des Kindes, seiner Beziehung zur Mutter sowie davon ab, welche weiteren Nahrungsmittel es zu sich nimmt. In vielen traditionellen Gesellschaften stillen Mütter ihre Babys sehr häufig, nicht selten mehrmals stündlich.[29] Das soll das Kind beruhigen und sein Weinen unterdrücken. In diesen Kulturen weinen die Kinder oft sehr häufig, wenn die Mütter die Kinder abstillen, was ein Hinweis darauf ist, dass das Saugen an der Brust zum Kontrollmuster geworden ist. Eine !Kung-Frau aus der Kalaharisteppe in Afrika (die als Kind jahrelang häufig gestillt worden war) wurde über ihre Kindheit befragt. Sie konnte sich noch erinnern, während der nachfolgenden Schwangerschaft ihrer Mutter (als sie nicht mehr gestillt wurde) und nach der Geburt ihres Bruders häufig geweint zu haben:

Als Mutter mit Kumsa schwanger war, habe ich immer geweint. Ich wollte gestillt werden. Einmal, als wir im Busch wohnten, weit weg von anderen Menschen, flossen die Tränen besonders stark. Ich weinte ständig. Zu der Zeit sagte mein Vater, er würde mich zu Tode prügeln; ich weinte zu viele Tränen. Als er nach mir griff, hatte er einen großen Ast in der Hand, aber er schlug mich nicht, er wollte mich nur einschüchtern ...

(Nach der Geburt): Ich wollte die Milch, die in ihren Brüsten war, und wenn sie ihn stillte, schauten meine Augen zu, wie die Milch herausschoss. Ich weinte dann immer die ganze Nacht, weinte und weinte, bis der Tag anbrach. An manchen Morgen saß ich einfach da, die Tränen flossen, ich weinte und wollte nichts essen. Und das alles, weil ich sah, wie er gestillt wurde.[30]

Die Anthropologen ziehen aus Beobachtungen wie diesen meistens den Schluss, dass das Abstillen für Kinder in diesen Kulturen ein traumatisches Erlebnis ist. Eine andere Interpretation, die mit der grundlegenden Aussage dieses Buches übereinstimmt, wäre, dass Kinder nach der Entwöhnung von der Brust weinen, weil ihr Weinen nicht mehr durch das häufige Stillen unterdrückt wird. Mit anderen Worten: Die Kinder holen das Weinen nach, das seit ihrer Geburt unterdrückt wurde. Das oben genannte Beispiel zeigt, dass dieses Weinen von den Erwachsenen leider nicht toleriert wird.

Mütter, die auf jedes Unwohlsein ihres Kindes reagieren, indem sie es stillen, können ihre eigenen Bedürfnisse auf ihr Kind projizieren.[31] So kann eine Mutter zum Beispiel das Bedürfnis verspüren, ihre eigenen unerfüllten Wünsche nach Nähe zu kompensieren. Oder sie empfindet den drängenden Wunsch, die Emotionen ihres Kindes zu unterdrücken und auf diesem Wege ihre eigenen starken Gefühle unter Kontrolle zu halten. Wenn wir mit Kindern wirklich mitfühlend umgehen, sehen wir sie als einzigartige Individuen, getrennt von der Mutter, und gehen angemessen und flexibel (statt stur) auf ihre körperlichen und emotionalen Bedürfnisse ein.

Das häufige Stillen kann auch einfach nur Tradition sein. Jede Gesellschaft hat, was das Aufziehen von Kindern betrifft, ihre eigenen Bräuche, die von Generation zu Generation weitergegeben werden. Es gibt keinen Grund anzunehmen, dass die eine Kultur besser ist als die andere. In Industrieländern kann die »Zurück-zur-Natur-Bewegung«, die Elemente traditioneller Gesellschaften aufgreift, bewahren, was wohltuend für das Kind ist, und verwerfen, was ihm schadet. Die Tatsache, dass Mütter ihre Babys in einigen Gesellschaften so häufig wie alle 20 Minuten stillen, bedeutet nicht, dass wir das Gleiche tun müssen. Wenn wir beispielsweise alles übernehmen würden, was das Volk der !Kungs tut, würden wir Babys in den ersten Tagen nach der Geburt gar nicht stillen, denn die !Kungs glauben, dass das Kolostrum (die Vormilch) giftig ist! (Wissenschaftler haben herausgefunden, dass das Kolostrum außerordentlich wertvolle Substanzen enthält, die immunologische, abführende und Blut gerinnende Eigenschaften haben.)

Wie oft müssen Babys wirklich gestillt werden? Diese Frage ist schwer zu beantworten, zumal sie von mehreren Faktoren abhängt. In den ersten Monaten braucht das Kind etwa zweieinhalb Stunden, um eine volle Mahlzeit Muttermilch zu verdauen. Danach beginnen die Brüste der Mutter sich meistens schwer anzufühlen. Man kann also davon ausgehen, dass Säuglinge etwa alle zweieinhalb bis drei Stunden Hunger bekommen (vom Beginn des Fütterns bis zum Beginn der nächsten Mahlzeit gerechnet) und in 24 Stunden etwa acht- bis zehnmal gestillt werden wollen. Ein vier Wochen altes Baby, das die Mutter zuletzt um drei Uhr zu stillen begann, wird wahrscheinlich gegen sechs Uhr wieder Hunger haben.

Wie oft müssen Babys gestillt werden?

Das sind jedoch nur allgemeine Richtlinien. Babys sollten niemals nach der Uhr gefüttert werden, sondern wenn sie danach verlangen. In den ersten Wochen kann es notwendig sein, das Kind häufiger zu stillen, damit sich die Milchversorgung der Mutter aufbaut. Folgende Umstände können ebenfalls häufigeres Stillen erfordern: Entwicklungssprünge, Wachstumsmängel, extreme Hitze, Krankheit oder wenn Babys nicht bei jeder Mahlzeit genügend trinken. Babys sollten immer dann gefüttert werden, wenn sie Hunger haben. Aber den Eltern sollte klar sein, dass nicht jedes Quengeln ein Ausdruck von Hunger oder des Bedürfnisses zu saugen ist. Das Stillen sollte nicht zum Mittel werden, ein Baby zu beruhigen, das seine Spannungen durch Weinen abbauen muss.

Mit der Zeit wird die Muttermilch konzentrierter und der Magen des Kindes kann mehr Milch halten. Deswegen wachsen die Pausen zwischen den Mahlzeiten allmählich auf bis zu vier Stunden oder länger an. Babys, die Kuhmilch trinken, kommen länger bis zur nächsten Mahlzeit aus, weil diese länger verdaut wird. Die meisten Babys brauchen nachts weniger Mahlzeiten. Aber wenn Babys über sechs Monate mehr als einmal in der Nacht aufwachen und gefüttert werden wollen, ist das meistens ein Zeichen dafür, dass das Stillen zum Kontrollmuster geworden ist.

Bewegung als Kontrollmuster

Eine andere überholte »Beruhigungsmethode« neben dem Stillen sind rhythmische Bewegungen in Form von Schaukeln, Wiegen, Herumschwingen oder auf den Knien hüpfen lassen. Bewegung ist wichtig für die Entwicklung von Babys, aber wenn Eltern damit zu häufig auf das Weinen ihres Kindes eingehen, kann dadurch das Heilen durch Weinen beeinträchtigt werden. Darüber hinaus können Babys Suchtverhalten gegenüber dieser Art Stimulation entwickeln und im Lauf der Zeit dazu übergehen, für ihre eigene Bewegung zu sorgen, wenn sie traurig, ängstlich oder frustriert sind. Das kann zum möglichen Ursprung von sich selbst stimulierenden Verhaltensweisen werden wie Kopf-Anschlagen, Sich-selbst-Wiegen und später allgemeine Hyperaktivität.

Hyperaktivität tritt bei Jungen viel häufiger auf als bei Mädchen. Es ist interessant, dass Eltern im Allgemeinen ihre Jungen als Baby öfter auf den Knien hüpfen lassen und wiegen als ihre Mädchen.[32] Möglicherweise ist dies ein Faktor, der zu der später auftretenden Hyperaktivität beiträgt. Das ist besonders dann wahrscheinlich, wenn das Wiegen und Hüpfenlassen häufig als Versuch eingesetzt wurde, das Baby vom Weinen abzuhalten.

Stimulation durch Bewegung ist wichtig für Babys, aber es ist (wie bei sämtlichen Formen der Stimulation) ganz entscheidend, wann sie geschieht. Am besten sind Aktivitäten wie Hüpfenlassen, Herumschwingen und Wiegen den Zeiten vorbehalten, in denen das Baby glücklich, wach und bereit für diese Anregungen ist. Warten Sie damit nicht, bis Ihr Baby quengelt. Babys weinen nicht, weil sie ein Bedürfnis nach diesen künstlichen Formen der Bewegung hätten. Das Hüpfen und Wiegen wird sie dann nur von ihrem Bedürfnis zu weinen ablenken.

Manche Menschen glauben, Babys müssten mit Bewegung beruhigt werden, weil sie im Mutterleib ständig bewegt worden sind. Es gibt jedoch in der Schwangerschaft viele Phasen (vielleicht 50 Prozent der gesamten Zeit), in denen die Mutter still sitzt oder schläft. Zu diesen Zeiten erlebt das Baby nur die ganz feinen Bewegungen durch den Atem der Mutter. Wenn das Kind nach der Geburt eng am Körper gehalten wird, erfährt es die gleichen feinen Bewegungen. Wenn Babys weinen, während sie eng am Körper gehalten werden, ist es Zeit, sie entweder zu stillen oder respektvoll zuzuhören – und nicht für hektische Ablenkungsversuche. Manche Mütter greifen dann auf künstliche Bewegungen wie Hüpfen-Lassen zurück, auf die sie in der Schwangerschaft nie gekommen wären.

Babys müssen nicht durch übermäßige Bewegungen beruhigt werden

Wenn Sie das starke Bedürfnis verspüren, Ihr weinendes Baby zu schaukeln, zu wiegen, herumzuschwingen oder auf den Knien hüpfen zu lassen, dann wahrscheinlich deswegen, weil Sie falsch informiert sind. Vielleicht ist der Grund dafür aber auch die eigene Angst und Frustration, die Ihr weinendes Baby bei Ihnen auslöst.

(In diesem Zusammenhang ein warnender Hinweis: Schütteln Sie Ihr Baby niemals, da das zu Gehirnschäden führen kann.)

Schnuller, Daumenlutschen und »Sicherheitsobjekte«

Werden Babys zum Weinen allein gelassen statt gestillt oder gewiegt, entwickeln sie Kontrollmuster, die die Anwesenheit einer anderen Person überflüssig machen. Am meisten verbreitet ist in diesem Fall, dass das Kind am Daumen lutscht oder sich an bestimmte Dinge wie eine Decke oder einen Teddybären klammert. Auch Schnuller werden schnell zum Kontrollmuster, wenn man sie Kleinkindern gibt, sobald sie das Bedürfnis zu weinen verspüren.

Babys mit solchen Kontrollmustern scheinen unabhängiger und weniger fordernd zu sein. Sie nuckeln einfach am Daumen oder am Schnuller oder klammern sich an ihr Lieblingsobjekt, wenn sie weinen. Mit Hilfe dieser Kontrollmuster schlafen sie meistens alleine ein. Diese Babys befreien sich jedoch wahrscheinlich ebenso wenig von Stress wie die, die häufig gestillt oder gewiegt werden. Sie sind also, vom psychologischen Standpunkt betrachtet, keinesfalls gesünder. Darüber hinaus haben sie wahrscheinlich weniger Körperkontakt als Babys, deren Kontrollmuster in verschiedenen Formen von Bewegung oder im Stillen bestehen. Der Grund dafür ist, dass die Eltern dieser Kinder (irrtümlich) annehmen, sie seien allein ganz zufrieden.

Manche Psychologen bezeichnen diese Lieblingsgegenstände als »Sicherheits-« oder »Übergangsobjekte«. Sie gehen davon aus, dass Kinder sich mit diesen Objekten ohne ihre primäre Bezugsperson sicher fühlen und so den Übergang zu Unabhängigkeit und Selbstständigkeit bewerkstelligen. Ich sehe in diesen Verhaltensweisen jedoch Kontrollmuster, die dem Zweck dienen, Kindern beim Unterdrücken von Weinen in einer Umgebung zu helfen, in der sie sich *nicht* sicher genug fühlen, um ihre Gefühle in dieser Form zu äußern. Diese Kinder sammeln meistens aufgestaute Emotionen, die auf Stress beruhen.

Dürfen Babys weinen, brauchen sie keine »Sicherheitsobjekte« wie Schnuller

Wenn Kinder diese verschiedenen Gegenstände als Kontrollmuster benutzen, sollten Sie in der häuslichen Umgebung mehr emotionale Sicherheit schaffen, statt einfach anzunehmen, Ihr Kind sei zufrieden (vgl. Teil IV, Kapitel »Emotionale Sicherheit schaffen«). Eltern, die bereit sind, Tränen und Wutanfälle zu akzeptieren, geben dem Kind keine Schnuller oder Schmusedecken mehr, wenn sie erst einmal erkannt haben, dass diese Dinge nur dazu dienen, die Gefühle der Kinder zu unterdrücken. Diese Eltern erleben meistens, dass Tränen und Wutausbrüche zunächst zunehmen, ebenso aber eine deutliche und unmittelbare Verbesserung im Verhalten des Kindes in Bezug auf seine Wachheit und seine gute Laune allgemein.

Wenn das Kind am Daumen lutscht, sollten Sie seinen Daumen nicht einfach aus dem Mund ziehen. Schließlich hat das Baby meistens selbst entschieden, dass es am Daumen lutschen will. Stattdessen müssen wir hier indirekte Methoden anwenden, so dass das Baby nicht mehr das Bedürfnis verspürt, am Daumen zu nuckeln. Im Kapitel »Die am häufigsten gestellten Fragen« (Teil IV) unterbreite ich einige Vorschläge dazu. Die gleichen Methoden können bei Kindern angewandt werden, die sich an Dinge wie zum Beispiel eine bestimmte Decke klammern, um die Kontrolle über ihre Gefühle nicht zu verlieren.

Das folgende Beispiel zeigt, dass Babys spontan ihren Daumen aus dem Mund nehmen, um zu weinen, wenn sie sich sicher genug fühlen:

Bei einem Workshop, den ich in Südfrankreich leitete, war ein vier Monate altes Baby anwesend, das am Daumen lutschte. Die Mutter war einverstanden, dass ich mit ihrer kleinen Tochter etwas demonstrierte. Ich nahm das Kind in meine Arme, schaute ihm ins Gesicht und streichelte behutsam seine Stirn. Ich sprach auch ruhig mit ihm und sagte ihm, es sei in Ordnung, wenn es weinte. Schon bald nahm die Kleine ihren Daumen aus dem Mund und begann zu weinen. Nach einigen Minuten, in denen ich ihr während ihres Weinens meine volle Aufmerksamkeit geschenkt hatte, wendete ich mich den Erwachsenen im Raum zu, um zu erklären, was ich tat, und um Fragen zu beantworten. Aber sobald ich das Kind nicht mehr anschaute, steckte es seinen Daumen wieder in den Mund und hörte auf zu weinen! Ich sagte der Gruppe, ich würde mich jetzt wieder auf das Baby konzentrieren und sei sicher, dass das kleine Mädchen auf diese Aufmerksamkeit reagieren würde, indem es ihren Daumen aus dem Mund nehme und weiterweine. Und zum Erstaunen aller Anwesenden geschah genau das! Während der ganzen Zeit berührte ich nicht die Hand des Babys am Mund. Es lag völlig bei ihm, seinen Daumen aus dem Mund zu nehmen.

Wie das Weinen in verschiedenen Kulturen unterdrückt wird

Jede Kultur hat ihre eigenen bevorzugten Methoden, um das Weinen von Babys zu unterdrücken. Es gibt kulturelle Kontrollmuster, welche die Eltern von Generation zu Generation an ihre Kinder weitergeben. Diese Muster gehen zurück auf die jeweiligen Lebensbedingungen, gesellschaftliche Werte und Traditionen sowie die notwendigen Überlebenskämpfe.

Stillen

Wie erwähnt, benutzen viele traditionelle Gesellschaften das Stillen als Beruhigungsmittel und stillen ihre Babys manchmal mehrmals stündlich. Von Babys in diesen Gesellschaften heißt es, dass sie weniger weinten als Babys in den Industrienationen. Beobachtern verschiedener Kulturen ist jedoch aufgefallen, dass diese Babys abends häufig Weinanfälle haben, die denen der »kolischen« Anfälle gleichen, welche im Westen verbreitet sind.

Anthropologen haben untersucht, wie !Kung-Mütter sich verhalten, wenn ihre Babys weinen. Wenn diese Babys die

Brust ablehnen, versuchen die Mütter sie zu schaukeln, ihnen direkt ins Ohr zu singen oder laut mit ihnen zu reden, um sie abzulenken. Beruhigen diese Bemühungen das Kind nicht, gehen die Mütter mit ihm auf und ab, wiegen es, singen und versuchen immer wieder, es zu stillen. Man hat beobachtet, dass diese Kinder nicht nur vor Hunger schreien, sondern auch aufgrund der Reizüberflutung und Frustration, die mit der Verfolgung eines bestimmten Ziels einhergehen. Ganz gleich, worin die Ursache des Weinens bestand, die Mütter reagierten darauf mit Stillen, Bewegung und Singen.[33]

In der Schweiz, Österreich und Deutschland gibt man Kindern häufig Schnuller, vor allem in Gegenden, wo die Menschen in Wohnblocks leben, ihre Privatsphäre schätzen und befürchten, sie könnten ihre Nachbarn stören. 1992 gab es in diesen Ländern einen regelrechten Schnuller-Spleen. Bei Teenagern war es damals Mode, farbige Schnuller um den Hals zu tragen und daran zu lutschen.[34] Das überrascht nicht weiter, wenn man bedenkt, wie verbreitet in diesen Ländern die Tradition ist, Babys einen Schnuller zu geben.

»Sicherheitsobjekte«

Unter Menschen, die die Entwicklung zur Unabhängigkeit schätzen und die sich weniger Sorgen um Lärm machen, wie es vergleichsweise für die US-Bevölkerung gilt, wird Eltern geraten, ihre Babys alleine weinen zu lassen und ältere Kinder auf ihr Zimmer zu schicken, wenn sie einen Wutanfall bekommen. Diese Kinder lernen oft ihr Weinen zu unterdrücken, indem sie am Daumen lutschen oder sich an ihre Schmusedecke oder ihr Lieblingsstofftier klammern.

In einigen Ländern sind dicke Babys ein Statussymbol und gelten als Beweis dafür, dass die Eltern ihre Sache gut machen. Die Eltern in diesen Gesellschaften füttern ihr Baby immer dann, wenn es weint, und Essen wird zum Kontrollmuster. Die Folge ist, dass diese Babys und Kinder oft an Übergewicht leiden, selbst wenn die Eltern sehr arm sind.

Drogen und Medikamente

Jahrhundertelang ist es üblich gewesen, weinenden Babys Drogen zu verabreichen. Im zweiten Jahrhundert v. Chr. verschrieb der griechische Arzt Galen Opium, um weinende Babys zu beruhigen. In Europa war es früher durchaus üblich, dass Eltern ihren Babys Alkohol oder Opium gaben, damit die Kinder zu weinen aufhörten und einschliefen. Eine Methode bestand darin, dass die Mutter oder die Amme ihre Brustwarzen mit Flüssigkeiten bestrich, die Opiate enthielten. Diese Babys nahmen beim Stillen das Opium zu sich und schliefen sofort ein. Damals verbreitete opiathaltige Präparate wie »Laudanum« und »Paregoric« konnte man leicht beim Apotheker bekommen. Viele Babys wurden danach süchtig, während andere an einer Überdosis starben.[35] In den Vereinigten Staaten gab es in den späten 80er-Jahren des 19. Jahrhunderts ein auf Opiumbasis hergestelltes Heilmittel namens »Winslow's Soothing Syrup«, das ohne Rezept erhältlich war.[36]
Ein weiteres in Europa verbreitetes Vorgehen war, die Lappen, die man zahnenden Kindern in den Mund steckte, mit Schnaps zu tränken oder Babys ein kleines Leinensäckchen, mit Mohnsamen (dem Grundstoff für Opium) und Zucker gefüllt oder in gegorenen Apfelwein getaucht, zum Saugen zu geben. In Österreich wurden diese Vorformen des Schnullers »Mostzutz« genannt.[37]
Auch heute noch gibt man weinenden Babys Drogen oder Medikamente. Wenn gerechtfertigte medizinische Gründe für Medikamente vorliegen, ist es natürlich sinnvoll, sie zu verabreichen. Viele Babys bekommen jedoch allein aus dem Grund Beruhigungsmittel, weil sie viel weinen, selbst wenn dafür keine körperlichen Ursachen vorliegen. Bei einer Untersuchung in England fand man heraus, dass 25 Prozent der Kinder im Alter von 18 Monaten schon einmal Beruhigungsmittel bekommen hatten, und zwar nur, um ihr Weinen zu unterbinden, und nicht aus notwendigen medizinischen Gründen.[38] Diese Mittel blockieren nicht nur

den lebenswichtigen Heilungsmechanismus des Weinens, sondern machen die Babys auch lethargisch und unkommunikativ, so dass sie letztlich die Eltern-Kind-Bindung beeinträchtigen. Außerdem besteht bei Babys, die Beruhigungsmittel erhalten, ein hohes Risiko, dass sie als Teenager zu Drogen greifen. Werden die ersten Versuche von Kindern, sich von schmerzlichen Gefühlen zu entlasten, mit starken drogenähnlichen Beruhigungsmitteln unterdrückt, überrascht es nicht, wenn sie im späteren Leben Drogen nehmen, um mit ihren Gefühlen fertig zu werden.
Die Unterdrückung des Weinens im Babyalter ist ohne Zweifel ein weit verbreitetes Phänomen. Es scheint nur wenig Verständnis und Toleranz für die ganz wesentliche Heilfunktion des Weinens zu geben.

Wie helfen wir Babys, nachts durchzuschlafen (ohne sie zu ignorieren)?

Selbst wenn Babys mit ihren Eltern in einem Bett schlafen, können sie nachts so häufig aufwachen, dass es zum Problem wird. Wissen wir um den Mechanismus von Kontrollmustern, ist das ein Schlüssel zur Lösung dieses Problems. Wenn Sie Ihr Baby immer wieder mit Hilfe von Kontrollmustern zu Bett bringen, wird es diese »Stütze« schon bald brauchen, um schlafen zu können. Stillen Sie zum Beispiel Ihr Baby, damit es einschläft – und das zu Zeiten, wo es sich eigentlich von Spannungen entlasten muss, indem es weint –, kann das den Eindruck erwecken, als brauche es jedes Mal, wenn es nachts aufwacht, Ihre Brust. Das kann noch weit über die eigentliche Zeit des Stillens aus Ernährungsgründen hinaus weitergehen.

Ständiges Stillen beeinträchtigt auf Dauer das Durchschlafen

Wenn Sie Ihr Baby wiegen oder stillen, damit es schläft, kann die Folge sein, dass es nachts immer wieder aufwacht, weil es nie die Chance bekommt, Spannungen durch hemmungsloses Weinen abzubauen. Manche Babys schlafen schnell und leicht ein, wenn sie gestillt oder gewiegt werden. Die Eltern verlassen sich dann auf diese Methoden, da sie ihre Babys wirkungsvoll zum Einschlafen bringen. Das ist verständlich. Warum nicht alles tun, was »funktioniert«, um ein Baby zum Schlafen zu bringen? Viele dieser Babys beginnen jedoch nachts häufig aufzuwachen, weil sie weinen müssen. Die Eltern denken dann, ihr Kind müsse erneut gefüttert oder gewiegt werden, und dieses Muster wird dann Nacht für Nacht mehrmals wiederholt, manchmal über Jahre hinweg. Forscher haben festgestellt, dass 20 Prozent der Babys zwischen dem siebten und dem dreizehnten Lebensmonat anfangen, nachts aufzuwachen.[39] Typisch ist folgender Ablauf: In den ersten drei Monaten wacht das Baby meistens mehrmals nachts auf und möchte gestillt werden. Das ist normal. Babys in diesem Alter müssen rund um die Uhr alle drei bis vier Stunden gefüttert werden. Allmählich schläft das Baby dann nachts länger und beginnt zur großen Freude der Eltern durchzuschlafen. Die Mutter hat sich inzwischen angewöhnt, das Stillen als bequeme Möglichkeit zu nutzen, ihr Baby zum Einschlafen zu bringen. Und das scheint auch zu klappen. Dann, etwa im Alter von sechs Monaten oder auch später, beginnt das Baby nachts wieder aufzuwachen, und die Mutter stillt ihr Kind pflichtbewusst, damit es wieder einschläft. Was ein vorübergehender Rückfall zu sein scheint, setzt sich fort: Statt länger werden die nächtlichen Schlafphasen kürzer.

Diese Situation stellt selbst die Geduld der liebevollsten Eltern auf die Probe. Nur wenige Menschen können die Unterbrechung ihres Schlafes Nacht für Nacht ertragen, ohne frustriert, ärgerlich und erschöpft zu werden. Ich bewundere sämtliche Mütter und Väter, die sich nachts geduldig ihrem quengelnden Baby zuwenden und es immer wieder stillen, wiegen und trösten. Mir tun diese Eltern jedoch auch Leid, weil sie nicht erkennen, dass das Leben sehr viel leichter sein könnte, wenn sie nicht ständig versuchten, ihr Baby vom Weinen abzuhalten.
Die meisten Eltern sehen nur zwei Möglichkeiten: Entweder stillen oder beruhigen sie ihr Kind jedes Mal, wenn es aufwacht, oder sie ignorieren es einfach in der Hoffnung, dass es lernt, alleine wieder einzuschlafen. Wie bereits erwähnt, hat der Rat, weinende Babys allein zu lassen, und sei es nur für fünf Minuten, negative Folgen: Das kann bei Babys Gefühle von Schrecken und Ohnmacht auslösen sowie einen Vertrauensverlust.
Es gibt aber einen dritten Weg, den die meisten Menschen erstaunlicherweise nicht kennen. Es ist möglich, Babys zu helfen, die Nacht durchzuschlafen, ohne sie zu ignorieren, wenn sie weinen. Meine erste Frage an Eltern, deren Babys nachts häufig aufwachen, lautet immer: »Wie schläft ihr Baby meistens ein?« Fast immer wird das Baby mit Hilfe irgendwelcher Beruhigungsmechanismen, also Kontrollmustern (meistens Stillen oder Wiegen), zu Bett gebracht. Die Lösung für dieses Problem besteht darin, das Baby zur Schlafenszeit nicht mehr vom Weinen abzuhalten: kein Stillen, kein Wiegen, Singen, Schaukeln oder andere Ablenkungen. Das bedeutet nicht, das Baby zu ignorieren, sondern es liebevoll zu halten, aber ohne es von seinem Bedürfnis zu weinen abzulenken. Bestätigen Sie Ihrem Baby, dass alles in Ordnung ist und Sie sein Bedürfnis zu weinen verstehen. So schenken Sie Ihrem Kind Sicherheit, Liebe und Aufmerksam-

> Babys, die weinen dürfen, wachen nachts weniger auf

keit und es kann sich von der angesammelten Spannung und schmerzlichen Gefühlen entlasten.
Seien Sie darauf vorbereitet, dass das Weinen die ersten paar Male bis zu einer Stunde oder noch länger dauern kann, vor allem wenn Ihr Baby schmerzliche Gefühle angesammelt hat, die wiederholt unterdrückt wurden. Bleiben Sie bei ihm. Das wird nicht leicht sein. Aber nach dem Weinen wird das Kind sich entspannen und in Ihren Armen einschlafen. Wenn Sie noch weitere zehn, zwanzig Minuten warten, wird es tief schlafen und Sie können es leichter hinlegen, ohne dass es wieder aufwacht. Wenn Sie so vorgehen, sollte Ihr Baby schon bald nachts länger durchschlafen, ohne aufzuwachen. Manche Eltern berichten von sofortigen und einschneidenden Verbesserungen, während andere feststellen, dass es mehrere Tage dauert, bevor ihr Baby viele Stunden durchschläft.
Hier meine eigene Erfahrung mit diesem Vorgehen:

Als mein Sohn zehn Monate alt war, fiel mir eines Abends auf, dass er zwar gähnte und sich die Augen rieb, aber sehr aktiv wurde. Es war schon später, als er üblicherweise einschlief. Ich brachte ihn in einen dunklen, ruhigen Raum und hielt ihn eng an meinem Körper. Er weinte und versuchte sich loszustrampeln, aber schon nach wenigen Minuten schlief er tief und ruhig. Diese abendliche Hyperaktivität tauchte anschließend immer wieder einmal auf, meistens wenn es viele Anreize gab und wir zum Beispiel Gäste hatten oder einen aufregenden Tag. Mir war auch aufgefallen, dass es ihn beruhigte und er einschlief, wenn ich ihn stillte. Meistens jedoch wachte er nachts auf, wenn ich ihn zum Einschlafen stillte. Trotzdem hatte auch ich mir das Stillen als Einschlafritual angewöhnt, denn es war einfach bequem. Als er fast zwei Jahre alt war, wachte er jedoch nachts so häufig auf (drei- bis sechsmal), dass ich unter Schlafmangel litt. Ich hörte dann ganz auf, ihn zum Einschlafen zu stillen, und hielt ihn in meinen Armen, während er weinte. Innerhalb von zwei Tagen schlief er nachts durch. Meine Tochter, die fünf Jahre später geboren wurde, versuchte ich möglichst nicht zu stillen, um sie damit zu beruhigen und ihr beim Einschlafen zu helfen. Ich hielt sie aber immer so lange, bis sie in meinen Armen einschlief. Häufig musste sie weinen, bevor sie schlafen konnte. Sie entwickelte nie das Verhaltensmuster nächtlichen Aufwachens.

Ich empfehle dieses regelmäßige Halten vor dem Einschlafen für sämtliche Babys, ob sie nachts aufwachen oder nicht. Es erfüllt ihr berechtigtes Bedürfnis nach körperlicher Nähe beim Einschlafen, selbst wenn sie vor dem Zubettgehen nicht weinen müssen.

Wo das Saugen an der Brust zum Kontrollmuster geworden ist, berichten einige Mütter mir, dass ihre Babys nicht richtig weinen, während sie sie halten, und offensichtlich nicht einschlafen können, wenn sie gehalten werden, es sei denn, sie werden gestillt. Oder das Baby schläft schließlich ein, aber ohne so viel geweint zu haben, wie es nach dem Gefühl der Mutter notwendig gewesen wäre. Das Baby wacht weiterhin nachts auf. Die Erklärung dafür lautet, dass Babys, für die Saugen zum Kontrollmuster geworden ist, sich manchmal »verschließen«, wenn ihre Mütter sie in der typischen Stillhaltung auf den Arm nehmen, selbst wenn sie nicht gestillt werden. Manchmal reicht allein diese Haltung, um das Weinen zu unterdrücken.

Halten Sie Ihr Baby beim Stillen einmal anders

Für dieses Problem habe ich zwei Vorschläge. Der eine lautet, das Baby in einer anderen Position als der typischen Stillhaltung zu halten. So können Sie Ihr Baby zum Beispiel auf den Schoß nehmen, wobei sein Rücken gegen Ihren Unterleib lehnt und sein Gesicht von Ihnen abgewendet ist, und sich dann vorbeugen und Wange an Wange körperliche Nähe herstellen. Diese Haltung ist so anders, dass Ihr Baby nicht ans Stillen erinnert wird und seine Emotionen nicht so stark unterdrückt wie in der Stillhaltung. Babys, die weinen müssen, sind dann frei, das zu tun, und vielleicht sind Sie sogar überrascht, wie intensiv Ihr Kind weint.

Eine weitere Möglichkeit besteht darin, dass eine andere Person, zum Beispiel der Vater des Kindes, das Baby vor dem Einschlafen hält und sein Weinen, wenn es dazu kommt, akzeptiert. Manche Babys weinen viel besser bei ihren Vätern als bei ihren Müttern, und zwar einfach aus dem Grund, weil sie mit dem mütterlichen Körper verbinden, gestillt und beruhigt zu werden. Das bedeutet nicht, dass diese Babys ihren Vater ablehnen oder ihre Mütter brauchen. Im Gegenteil, es ist ein Zeichen dafür, dass sie sich mit ihrem Vater so sicher und frei fühlen, dass sie sich von ihren negativen Gefühlen entlasten können. Väter können eine extrem wichtige Rolle dabei spielen, den Babys zu helfen, die Nacht durchzuschlafen, vorausgesetzt, sie können ihr weinendes Baby kontinuierlich halten, ohne selbst zu sehr in Stress zu geraten!

Auch der Vater kann zum Gelingen beitragen

Babys, die keine Kontrollmuster entwickelt haben, die mit dem mütterlichen Körper verbunden sind (wie Saugen oder Wiegen), scheinen bessere Schläfer zu sein. Das muss jedoch nicht unbedingt heißen, dass diese Babys so viel weinen, wie sie es brauchen. Babys, die in ihr Bettchen gelegt werden, um still zu werden und allein einzuschlafen, lernen mit der Zeit sich selbst zu beruhigen, indem sie vielleicht am Daumen lutschen oder an einem Deckenzipfel, an dem sie sich festklammern. Dieses Verhalten wird dann zu ihrem Kontrollmuster. Wenn diese Babys nachts aufwachen, was wahrscheinlich der Fall sein wird, saugen sie einfach an den für sie vertrauten Dingen oder greifen danach und schlafen wieder ein. Damit verhalten sie sich ziemlich ähnlich wie die Babys, die nachts mehrmals an der Brust oder am Fläschchen saugen, um wieder einschlafen zu können. Der einzige Unterschied besteht darin, dass die Eltern durch ein Baby, das am Daumen nuckelt, meistens nicht wach werden. In beiden Fällen jedoch wird das Weinen des Babys unterdrückt.

Wenn wir Babys helfen, nachts durchzuschlafen, indem wir sie vor dem Einschlafen halten und weinen lassen, kann das sogar Familien retten, deren Stabilität und Gesundheit durch ein Baby bedroht ist, das nachts häufig aufwacht. Das Leben wird viel leichter, wenn das Baby nachts durchschläft und alle anderen Familienmitglieder ebenfalls ihren gesunden Nachtschlaf bekommen. Glücklicherweise ist das möglich, ohne dass wir zu der schädlichen Methode greifen, Babys zu ignorieren, wenn sie weinen. (Vgl. mein Buch *Warum Babys weinen*).[40]

Teil III

Wenn Kinder weinen und wüten

(Kinder im Alter von einem bis zu acht Jahren)

Ursachen für Stress bei Kindern

Kinder über ein Jahr sind emotional weiterhin sehr verletzlich. Vieles von dem Stress bis zum Alter von acht Jahren ist ein unvermeidlicher Teil ihres Lebens und Wachsens. Auch wenn Kinder dieser Altersstufe allmählich lernen, ihre Wünsche und Bedürfnisse verbal kompetent zu äußern, erleben sie weiterhin viele Entwicklungsfrustrationen, die auf mangelnder Kompetenz und (noch) nicht entwickelten Fähigkeiten beruhen.

Selbstbezogenheit

Wenn Kinder anfangen, sich mehr mit anderen Kindern auszutauschen, kann ihr Spiel zu Frustrationen und verletzten Gefühlen führen, denn Kinder unter acht Jahren fällt es nicht leicht, den Standpunkt einer anderen Person zu verstehen. Sie sind sehr auf sich selbst fixiert und lernen erst allmählich, was es heißt, sich abzuwechseln oder zu teilen.

Neue Ängste, neue Sorgen

Da Kinder in diesem Alter beginnen, den Tod und ihre eigene Sterblichkeit bewusster wahrzunehmen, tauchen in dieser Zeit auch neue Ängste auf. Auch wenn sie von Gewalt hören und entsprechende Fernsehsendungen oder Videos anschauen, kann das zu Stress führen. Sollten Kinder Zeugen häuslicher Gewalt werden, kann das ebenfalls Angst und Schrecken auslösen, selbst wenn sie nicht unmittelbar Zielscheibe dieser Vorfälle sind. Auch die Trennung von den primären Bezugspersonen kann für kleine Kinder schmerzlich sein.

Irgendwann im zweiten Lebensjahr beginnen Kinder sich gegen die Versuche anderer, sie zu kontrollieren, zu wehren.

Ihr wachsendes Selbstgefühl muss auch respektiert werden. Wir müssen Kindern mit Geduld und Respekt begegnen und ihnen ein gewisses Maß an Kontrolle über ihr eigenes Leben einräumen. Sollten Sie ein Kind zwingen müssen, etwas gegen seinen Willen zu tun, ist es wichtig, dass Sie ihm die Gründe dafür erklären und dann den berechtigten wütenden Protest des Kindes akzeptieren.

Strafen

Sämtliche Formen von Strafen tragen zum Stress von Kindern bei, denn selbst wenn die Strafe gewaltlos ist, verursacht sie emotionalen Schmerz und führt oft zu Gefühlen von Ärger oder Groll. In meinen früheren Büchern (*Warum Babys weinen* und *Wüten, toben, traurig sein*) erläutere ich in einigen Kapiteln effektive Möglichkeiten der Disziplinierung, die ohne Strafen oder Belohnungen auskommen.[1] Außerdem empfehle ich nachdrücklich Thomas Gordons Methode, die er »Familienkonferenz« nennt.[2] Nicht bestrafen heißt nicht alles erlauben. Es ist möglich, Kinder ohne autoritäres Gebaren oder übertriebene Nachgiebigkeit großzuziehen, und die Ergebnisse sind den Aufwand wohl wert. Die Eltern-Kind-Beziehung wird besser, und die Kinder sind entspannter. Als Jugendliche verspüren diese Kinder kein Bedürfnis zu rebellieren.

Das »gehetzte Kind«

Kinder geraten auch in Stress, wenn sie zu sehr hetzen müssen oder ihr Leben zu sehr nach Plan verläuft. Das Syndrom des »gehetzten Kindes« ist eine Folge modernen Lebens.[3] Erwachsene treiben Kinder oft von einer Aktivität zur nächsten an – Schule, Tageskrippe, Sport, Klubs, Tanz- oder Musikunterricht. Unterhaltung für Kinder besteht oft aus Fernseh- oder Videosendungen mit möglichst viel Action sowie aus elektronischen Spielen, die schnelles Reagieren erfordern. In früheren Zeiten verlief das Leben langsamer und es wurden weniger Anforderungen an die Zeit und Aufmerksamkeit kleinerer Kinder gestellt. Kinder der Gegenwart leben ihr Leben auf der Überholspur. Kein Wunder, dass sie unter Stress stehen!

Probleme in der Familie

Viele Kinder erleben unstabile häusliche Verhältnisse, weil die Eltern sich scheiden lassen und oft wieder eine neue Beziehung eingehen. Die Auswirkungen der elterlichen Scheidung auf Kinder sind bestens bekannt. Scheidungskinder müssen mit Gefühlen von Ärger, Groll, Kummer und Schuld fertig werden, und das zu einer Zeit, wo niemand in der Familie ihnen viel Aufmerksamkeit schenkt. Viele Kinder müssen sich dann an Stiefeltern und oft auch Stiefgeschwister gewöhnen. Der Umzug in eine neue Wohnung und die schulischen Veränderungen können ebenfalls sehr belastend sein. Viele Kinder, deren Traumen in jüngeren Jahren nicht ganz aufgelöst wurden, schleppen auch »emotionale Lasten« (eine Ansammlung emotionalen Schmerzes) mit sich herum. Ein sechsjähriger Junge zum Beispiel, dessen Mutter ins Krankenhaus kam, als er acht Monate alt war, hat vielleicht chronische Ängste, seine Mutter zu verlieren. Das kann dazu führen, dass er jedes Mal klammert und weint, wenn seine Mutter aus dem Haus gehen will. Selbst wenn also das Leben eines Kindes im Moment relativ stressfrei ist, müssen wir die Möglichkeit in Betracht ziehen, dass es durch unbewältigten Stress aufgrund früherer Erlebnisse belastet ist. Eltern, die missbrauchte oder vernachlässigte Kinder adoptieren, müssen sich bewusst machen, dass die Vergangenheit dieser Kinder Auswirkungen auf deren Gefühle und Verhalten hat.

Ungelöste Traumen aus früheren Jahren

Um uns die zahlreichen verschiedenen Stressquellen vor Augen zu führen, wollen wir uns einmal dem Beispiel eines vierjährigen Mädchens zuwenden, das die Vormittage im Kindergarten verbringt. Als Erstes könnte ein anderes Kind seinen Spielzeugturm umstoßen. Dann muss es bis zum Frühstück warten, bevor es etwas essen kann, obwohl es vielleicht schon vorher Hunger hat. Danach fällt dieses arme Kind von der Schaukel und schlägt sich das Knie auf.

Vielleicht schüttet es beim Malen Farbe auf seine neuen Schuhe. Schließlich kommt seine Mutter zu spät, um es abzuholen (und löst in dem Mädchen vielleicht die Erinnerung an eine schmerzliche Trennung während des Babyalters aus). Wenn die Mutter dann endlich eintrifft, befindet sich dieses kleine Mädchen in einem äußerst gestressten Zustand.

Was tun, wenn Kinder weinen?

Die grundlegende Aussage dieses Buches besagt, dass das Weinen Menschen jeden Alters hilft, Stress abzubauen. Wie in Teil II erläutert, ist es nicht immer klar, wann Weinen bei Babys der Stressbewältigung dient, weil sie über das Weinen auch ihre unmittelbaren Bedürfnisse ausdrücken. Wenn Kinder anfangen, ihre Wünsche mit Worten zu artikulieren, wird die Kommunikationsfunktion des Weinens allmählich durch Sprache ersetzt. Die Stressbewältigungsfunktion des Weinens jedoch wird nicht von der Sprache abgelöst, sondern bleibt das ganze Leben lang von Bedeutung. Ist die Sprache erst einmal voll entwickelt, dient jedes Weinen eindeutig eher dem Stressabbau als der Kommunikation.

Wenn ein Kind Angst hat, weil es zum Beispiel unter dem Stuhl eingeklemmt ist, macht es wenig Sinn, sich hinzustellen und zu sagen: »Na los, weine!« *Der erste Schritt in jeder Situation besteht darin, alles Ihnen Mögliche zu tun, um die Ursache des Schmerzes zu beseitigen.*

Als Erstes Stressauslöser finden und möglichst abstellen ...

Auch wenn sich belastende Situationen häufen, ist es wichtig, die Ursache dafür möglichst abzustellen. Ärgert ein Mädchen zum Beispiel ständig ihren kleinen Bruder, wird das Problem nicht dadurch gelöst, dass man dem Jungen erlaubt, immer zu weinen. Denn die Ursache für seine schmerzlichen Gefühle wiederholt sich Tag für Tag und ist eine beständige Stressquelle. Man muss sich der Gesamtsituation zuwenden und der älteren Schwester helfen, ihr verletzendes Verhalten abzustellen. Wenn ein Lehrer den Verdacht hegt, dass ein Kind sexuell missbraucht oder geschlagen wird, dann muss er das der entsprechenden Stelle melden. Hier reicht es nicht aus, wenn man das Kind ermutigt, seine Gefühle auszudrücken.

... dann Kindern liebevoll zuhören und ihr Weinen akzeptieren

Angenommen, Sie haben das Mögliche getan, um den Auslöser für den Stress Ihres Kindes zu beseitigen, dann besteht der nächste Schritt in einer schmerzlichen Situation darin, *dem Kind zuzuhören und sein Weinen zu akzeptieren*. In Teil II habe ich empfohlen, dass Babys immer auf den Arm genommen und gehalten werden sollten, wenn sie weinen. Bei etwas älteren Kindern ist das nicht unbedingt notwendig, aber auch ihnen tut es immer gut, wenn wir ihnen unsere ganze Aufmerksamkeit schenken. Oft suchen sie spontan Körperkontakt, wenn sie weinen. Sie brauchen jemanden, der nahe bei ihnen bleibt, zuhört und ihre Gefühle akzeptiert.

Kinder brauchen unsere liebevolle Präsenz und Zuwendung, wenn sie weinen, denn *sie müssen wissen, dass sie geliebt werden, ganz gleich, was sie fühlen*. Sie müssen ihre schmerzlichen Gefühle ausdrücken, ohne sich abgelehnt zu fühlen oder abgelehnt zu werden, und sie müssen wissen, dass jemand sie versteht und Anteil nimmt.

Aktives Zuhören

Erwachsene fragen sich manchmal, wie sie einem weinenden Kind zuhören können und was sie sagen sollen. Ich empfehle, was Thomas Gordon als »aktives Zuhören« bezeichnet: Bestätigen Sie die Emotionen des Kindes, indem Sie einfach sagen, was es Ihrer Meinung nach fühlt (ohne es zu interpretieren oder zu beurteilen).[4] Nur wenige von uns hatten gute Rollenvorbilder für dieses Verhalten, das macht es so schwierig. Außerdem möchten wir unbedingt, dass unsere Kinder glücklich sind, und vergessen darüber, wie wichtig es ist, dass sie das gesamte Spektrum an Emotionen erleben.
Hier ein Beispiel für ein kleines verletzendes Erlebnis im Leben meines Sohnes, als er drei Jahre alt war:

Wir waren am Strand gewesen, und er hatte eine hübsche Muschel gefunden, die er mit nach Hause brachte und auf dem Fußboden liegen ließ. Am nächsten Tag trat er versehentlich darauf. Die Muschel zerbrach und er weinte. Ich war versucht zu sagen: »Sei doch nicht traurig, wir werden noch einmal zum Strand gehen und eine neue finden.« Aber ich widerstand diesem Impuls, denn er beruhte auf dem Wunsch, ihn von seinen Gefühlen abzulenken. Er hatte das Recht, seine Trauer auszudrücken. Also hielt ich ihn im Arm und sagte: »Du bist ganz traurig, weil die schöne Muschel kaputt ist.« Dabei ließ ich ihn in meinen Armen weinen, solange er es brauchte.

Es ist nicht immer notwendig, den Kummer eines Kindes verbal zu interpretieren, vor allem wenn Sie die zugrunde liegende Ursache nicht wissen. Falsche Worte können dazu führen, dass das Kind sich missverstanden fühlt. Statt eine Fehlinterpretation zu riskieren, ist es manchmal besser, lediglich zu sagen: »Du bist ganz traurig. Ich glaube, du musst weinen.« Manchmal braucht ein Kind es einfach, dass jemand als stiller und liebevoller Zeuge seines inneren Empfindens bei ihm bleibt, weil sein Erleben zu schwierig ist, als dass es in einfache Worte gefasst werden könnte.

Der zerbrochene Keks

Das Bedürfnis zu weinen baut sich allmählich auf, bis der Drang nach Entlastung so stark ist, dass das Kind ihm nicht länger standhalten kann. An dem Punkt kann fast alles Tränen auslösen. Deswegen gibt es Zeiten, in denen der Grund für das kindliche Weinen nicht unmittelbar deutlich wird. Der Ausbruch scheint dann durch die augenblickliche Situation oft völlig ungerechtfertigt.

Wenn harmlose Gründe Tränen auslösen

Ein Beispiel dazu: Nehmen wir an, Ihr Kind hat Hunger auf einen Snack und Sie geben ihm den letzten Keks aus der Dose. Dieser Keks ist zufällig zerbrochen, und Ihr Kind beginnt sich darüber zu beklagen. Sie erklären, das sei der letzte Keks aus der Dose. Jetzt gerät Ihr Kind voll in Wut und weint und schreit, weil der Keks zerbrochen ist.

Es ist klar, dass es nicht schlimm ist, wenn Sie Ihrem Kind einen zerbrochenen Keks anbieten. Der Grund, warum Kinder über solche vergleichsweise unbedeutenden Vorfälle weinen, besteht darin, dass sie Stress angesammelt haben.[5] Es geht wahrscheinlich überhaupt nicht um den zerbrochenen Keks. Wenn Sie Ihrem Kind erlauben, über solche Kleinigkeiten zu weinen und zu wüten, wird es aus dem Wein- oder Wutanfall zufrieden und gelöst hervorgehen. Wahrscheinlich ist der zerbrochene Keks dann gar nicht mehr wichtig für das Kind.

Manipulieren Kinder ihre Eltern mit Weinen und Wüten?

Manchmal sieht es so aus, als wollten Kinder ihre Eltern mit ihren Anfällen und Wutausbrüchen manipulieren. Ich kenne Eltern, die überzeugt sind, dass das bei ihren Kindern der Fall ist. Diese Eltern fühlen sich gezwungen, immer etwas zu unternehmen, und sie glauben, sie hätten nur zwei Möglichkeiten: ent-

weder »nachzugeben« und dem Kind alles zu erlauben, was es will, oder es dahin zu bringen, dass es aufhört mit diesem »inakzeptablen Verhalten«, nämlich durch sein Weinen und Wüten zu erzwingen, was es will.
Eine andere Sichtweise von Situationen wie diesen eröffnet Eltern eine neue Möglichkeit. Wenn Erwachsene verstehen, dass das Weinen selbst ein echtes Bedürfnis ist, dann erscheint dieses Verhalten nicht mehr als »Manipulation«. Es ist nicht notwendig, »nachzugeben« und dem Kind alles zu erlauben, was es will, wenn es nur um eine bloße Laune und kein wirkliches Bedürfnis geht. Der Erwachsene kann jedoch den Ausbruch als notwendige Entlastung von aufgestauten Gefühlen akzeptieren. Das Leben wird viel leichter, wenn die Eltern weinender und wütender Kinder erkennen, dass es kein augenblickliches Problem gibt und sie nichts anderes tun müssen, als bei ihrem Kind zu sein.
Einige Erwachsene, die befürchten, sie könnten ihre Kinder frustrieren, geben den Launen ihrer Kinder nach, wenn diese weinen, weil sie diese für echte Bedürfnisse halten. Beim Beispiel des zerbrochenen Kekses kann der Vater oder die Mutter mit dem Kind in den Supermarkt gehen, um eine neue Packung Kekse zu kaufen. Die Folge dieses vordergründig nachsichtigen Verhaltens ist meistens, dass das Kind immer fordernder und das Zusammenleben mit ihm immer schwieriger wird. Und zwar nicht, weil man ihm zu viel gegeben hätte, sondern weil es nie Gelegenheit hatte, seine aufgestauten Gefühle durch Weinen und Wüten abzubauen. Diese Kinder haben ihren Stress wie andere Kinder auch, aber die falschen Reaktionen der Eltern auf die Versuche der Kinder, sich von ihrem Stress zu entlasten, haben diesen Kindern die Möglichkeit genommen, sich selbst zu heilen.

Die Folgen nachgiebigen Verhaltens

Wenn Erwachsene »nachgeben«, nachdem ein Kind lange gejammert und gebettelt hat, hindern sie es daran, sich einmal richtig auszuweinen und von seinem Stress zu befreien. Dieses Kind wird schon bald neue Gründe finden, um zu weinen und zu betteln, und das wird immer so weitergehen, bis ihm erlaubt wird, ungehindert zu weinen. Das ist der Grundmechanismus, der bewirkt, dass Nachgiebigkeit Kinder ständig fordern und aufsässig werden lässt.

Andererseits ist es unangemessen, willkürliche Grenzen zu setzen und die berechtigten Bedürfnisse von Kindern zu übersehen, weil man davon ausgeht, dass Kinder »einfach weinen müssen«. Das wäre unterdrückende, autoritäre Disziplin. Erwachsene sollten immer versuchen, die (wirklichen) Bedürfnisse von Kindern zu erfüllen. Und wenn die Forderungen eines Kindes unvernünftig werden, müssen wir die Möglichkeit in Betracht ziehen, dass es das Bedürfnis hat, sich von aufgestauten Gefühlen zu entlasten.

Kinder brauchen Grenzen

Manche Menschen behaupten, dass Kinder »Grenzen fordern«. Das tun sie manchmal tatsächlich. Kinder fühlen sich sicherer, wenn sie genau wissen, was sie dürfen und was man von ihnen erwartet. Wenn ein Kind jedoch wiederholt versucht, Sie zu »testen«, dann oft deshalb, weil es Vorwände zum Weinen und Wüten sucht. Immer wenn Kinder auf Verhaltensweisen beharren, die, wie sie wissen, nicht erlaubt sind, oder wiederholt Dinge fordern, die sie auch sonst nie bekommen, ist es hilfreich, sich folgende Frage zu stellen: Sucht dieses Kind feste Grenzen, damit es einen Vorwand hat, um zu weinen, und auf diesem Wege seinen Stress loswerden kann? Wenn Sie glauben, dass das der Fall ist, dann kann es durchaus angemessen sein, dem Kind freundlich, aber bestimmt Nein zu sagen oder körperliche Grenzen zu setzen, zum Beispiel es zu halten. Das ermöglicht dem Kind, sich von seinen aufgestauten Gefühlen zu befreien.

Machen Sie sich darauf gefasst, dass sich die Ausbrüche Ihres Kindes gegen Sie richten können. Ein ziemlich drastisches Beispiel in der Kategorie »zerbrochener Kekse« erlebte ich mit meiner Tochter, als sie sechs Jahre alt war. Folgendes geschah:

Sarah kam eines Tages von der Schule nach Hause und freute sich darauf, nachmittags mit mir wie versprochen in den Zirkus zu gehen. Inzwischen hatte ich jedoch meine Pläne geändert und teilte ihr deshalb mit, dass wir stattdessen abends den Zirkus besuchen würden. Das gefiel ihr überhaupt nicht, und sie bekam einen heftigen Wutanfall. Sie warf sich auf den Boden, trat um sich und weinte, während sie schrie: »Ich will aber jetzt in den Zirkus gehen!«, und: »Du bist blöd!« Am häufigsten wiederholte sie immer wieder: »Du bist blöd!«, während sie heftig weinte. Ich war doch etwas überrascht, dass sie mich so bezeichnete, denn bislang hatte sie mich noch nie »blöd« genannt. Ich war trotzdem fähig, ihr zuzuhören und sie weinen und wüten zu lassen. Nach etwa 20 Minuten beruhigte sie sich, lächelte mich an und sagte, sie habe Hunger. Sie war den ganzen restlichen Tag lang bester Laune und genoss es, abends in den Zirkus zu gehen, wo sie neben mir sitzen wollte.

Am nächsten Tag sprach ich nach der Schule mit ihrer Lehrerin, die mir erzählte, dass der gestrige Tag für Sarah hart gewesen wäre. Ich fragte sie, was geschehen sei. »Sarah hatte einen großen Streit mit ihrer besten Freundin«, sagte ihre Lehrerin, »bei dem ihre Freundin sie anbrüllte und ihr sagte, sie sei ›blöd‹.« Da verstand ich alles. Deshalb hatte sie also geweint! Das alles hatte mit dem Zirkus gar nichts zu tun. Sie brauchte ihn als Vorwand, um sich von Gefühlen zu entlasten, die von dem Streit mit ihrer Freundin herrührten.

Es wäre mir leichter gefallen, meiner Tochter zuzuhören, wenn sie gesagt hätte: »Mutti, ich hatte heute einen Streit mit meiner Freundin und sie hat zu mir gesagt: ›Du bist blöd.‹ Das hat mich verletzt, ist es in Ordnung, wenn ich darüber weine und die Worte wiederhole, die sie benutzt hat?« Leider können Kinder diese Dinge nicht erklären. Sie erwarten von uns, dass wir verstehen.

»Übertriebene« Ausbrüche in Schulen und Tagesstätten

Manchmal kommt es auch in der Schule oder in Tagesstätten zu solchen Ausbrüchen. Vielleicht ist der verschüttete Saft Anlass für ein Kind, die Frustrationen loszuwerden, die sich den ganzen Morgen angesammelt haben, oder Gefühle zu äußern, die auf einer belastenden häuslichen Situation beruhen. Am hilfreichsten ist, das Weinen zu erlauben, auch wenn das von Seiten der Erzieher oder Lehrer enorm viel Geduld erfordern mag. Wenn das Weinen andere Kinder bei ihren Aktivitäten stört, kann das Kind in einen anderen Raum (oder einen anderen Teil des Raums) gebracht werden, vorausgesetzt, ein Erwachsener bleibt bei dem Kind, um es liebevoll zu unterstützen. Es ist wichtig, dass Kinder niemals das Gefühl bekommen, für ihr Weinen oder Wüten bestraft zu werden.

Nachdem Kinder mit ihrem Weinen fertig sind (denken Sie daran: Irgendwann hören sie tatsächlich auf!), können die Erwachsenen versuchen, ein Gespräch mit ihnen zu führen, aber meistens ist ihr Bedürfnis danach stärker als das der Kinder. Lehrer können Kindern dann helfen, einen »würdigen« Übergang zurück zum Zusammensein mit den anderen zu finden, indem sie sicherstellen, dass die anderen Kinder das Kind für sein Weinen nicht hänseln. Vergessen Sie nicht, dass der Vorwand, den Kinder wählen, um zu weinen, meistens nichts mit dem wirklich zugrunde liegenden Thema zu tun hat.

Der Umgang mit körperlichen Verletzungen

Eltern und andere Bezugspersonen fragen sich in der Regel, wie sie mit dem Weinen umgehen sollen, das auf körperlichen Verletzungen wie einem aufgeschlagenen Knie oder einem Schnitt in den Finger beruht. Manchmal sind sie verblüfft über die Tatsache, dass Kinder viel weniger weinen, wenn die Erwachsenen den Vorfall herunterspielen. Machen sie jedoch »ein großes Ding« aus der Verletzung, weint das Kind manchmal länger und heftiger. Das ist der Grund dafür, dass manche Erwachsenen sich angewöhnt haben, einem verletzten Kind nur wenig Aufmerksamkeit zu schenken, weil sie befürchten, es könne sonst mehr weinen als notwendig.

Kindern jagt es schnell Furcht ein, wenn Erwachsene Angst zu haben scheinen. Deswegen ist es wichtig, dass Erwachsene ruhig bleiben, denn wenn wir überreagieren, können wir das Kind mit unseren eigenen Sorgen um sein Wohlergehen ängstigen. In diesem Fall kann das Kind heftiger weinen als normalerweise.

Ruhig bleiben und sich dem Kind zuwenden

Ich empfehle eine ruhige, aber einfühlsame Haltung, bei der der Erwachsene dem verletzten Kind einfach seine volle Aufmerksamkeit schenkt. Der Erwachsene kann die Gefühle des Kindes bestätigen, indem er sein Weinen akzeptiert. Das kann geschehen, während die notwendige erste Hilfe geleistet wird. (»Ich sehe dein aufgeschlagenes Knie. Ich kann mir vorstellen, dass das wehtut.«)

Manchmal weinen Kinder länger, wenn ihnen Aufmerksamkeit geschenkt wird (auch wenn die Erwachsenen dabei ruhig sind), weil sie sich sicher genug fühlen, um zu weinen. Es ist nachgewiesen, dass Menschen sich von Schmerzen schneller erholen, wenn sie ihre Aufmerksamkeit darauf richten, statt zu versuchen, den Schmerz zu unterdrücken oder sich mit anderen Gedanken abzulenken.[6] Kinder wissen instinktiv, wie wichtig es ist, Schmerz nicht zu verleugnen.

Außerdem löst jeder Unfall und jede Verletzung zusätzlich zum körperlichen Schmerz emotionalen Schmerz aus. Kinder können Ärger, Angst oder Verwirrung empfinden, wenn sie sich verletzen. Sie müssen verstehen, warum ihnen etwas Schmerzliches passiert ist, und ihr Ärger braucht eine Ziel-

Körperliche Schmerzen lösen auch emotionale Schmerzen aus

scheibe: etwas oder jemanden, dem sie die Schuld geben können. Wenn ein Kind zum Beispiel beim Dreiradfahren hinfällt, kann es wütend auf ein anderes Kind werden, das gedrängelt oder gesagt hat: »Fahr schneller.« Vielleicht hat es auch Schuldgefühle, weil es auf verbotenem Gelände gefahren ist. Vielleicht muss sich sein Ärger auf das Dreirad richten. (»So ein blödes Dreirad, kippt einfach um.«) All diese Gefühle müssen zum Ausdruck kommen und können viel länger anhalten als der körperliche Schmerz aufgrund der Schramme oder Prellung.

Als mein Sohn acht Jahre alt war, schnitt er sich an einer Glasscherbe beim Schwimmen in einem kleinen See übel den Fuß auf. Er weinte für kurze Zeit, aber ich konnte ihm nicht meine volle Aufmerksamkeit schenken, weil ich versuchte, die Bienen von uns wegzuscheuchen. Zu Hause konnte er dann abends nicht einschlafen. Er sagte, er sähe immer wieder vor sich, wie das Stück Glas in seinen Fuß schnitt. Statt zu versuchen, ihn von dem Unfall abzulenken, ermutigte ich ihn, darüber zu reden. Wir stellten uns gemeinsam vor, wie das Glas in seine Haut schnitt. Ich verwies auch noch einmal auf seine Gefühle: »Das muss ganz schön wehgetan haben. Und der plötzliche Schmerz hat dir bestimmt Angst gemacht.« Bei diesem Gespräch vergoss er noch ein paar weitere Tränen. Dann begann er viele Fragen zu stellen: »Warum ist mir das passiert und nicht jemand anderem?« »Warum bin ich genau auf diese Stelle getreten?« »Warum werfen Leute Glas ins Wasser?« Schließlich war für ihn klar, dass die Bienen Schuld hatten, denn er war ins Wasser gegangen, um ihnen zu entkommen! Danach konnte er einschlafen.

Körperliche Schmerzen können Kindern – wie ein zerbrochener Keks – ebenfalls als Vorwand dienen, sich von tieferen Gefühlen zu entlasten. Ein aufgeschlagenes Knie kann dazu führen, angesammelten Stress ins Bewusstsein zu bringen. Tatsächlich können manche Kinder, die häufiger

Unfälle haben, körperliche Schmerzen als Anlass benutzen, ihr dringendes Bedürfnis zu weinen zu befriedigen. Vielleicht wird ihr Weinen nur in solchen Situationen akzeptiert.

Erst weinen lassen, dann über die Verletzung sprechen

Es ist ein Fehler, wenn wir Kinder nach einer Verletzung bewegen wollen, zu reden statt zu weinen (außer natürlich, wenn das Kind bei einer notwendigen ärztlichen Versorgung Informationen geben muss). Nach dem Weinen müssen Kinder manchmal jedoch darüber sprechen und erklären, was geschah, oder an den Unfallort zurückkehren, um ihr Erlebnis noch besser zu verstehen. In den meisten Fällen fahren Kinder fort, über ihre Verletzungen zu reden, und zeigen sie jedem, der sich dafür interessiert. Es ist normal und gesund, wenn Kinder ihren Wunden immer wieder Aufmerksamkeit schenken und die schmerzenden Körperteile berühren oder streicheln.

Weinen bei Trennungen

Die Trennung von primären Bezugspersonen ist ein verbreiteter Grund für das Weinen von kleinen Kindern. Diese Situationen sind schwierig für alle Beteiligten: für das Kind, die Eltern und die anderen Betreuer. Nicht immer ist klar, was das Kind wirklich braucht oder wie mit der Trennung am besten umzugehen ist.

Kinder durchlaufen verschiedene Entwicklungsphasen, die beeinflussen, wie sie auf Trennungen von ihren primären Bezugspersonen reagieren. In den ersten sechs Monaten protestieren die meisten Babys nicht, wenn unbekannte Menschen sie auf den Arm nehmen oder auf sie aufpassen. Wenn Babys anfangen zu lächeln, lächeln sie meistens jeden an.

Diese Situation ändert sich meistens einschneidend zwischen dem siebten und dreizehnten Lebensmonat, wo die ersten Anzeichen von Trennungsangst und Angst vor Fremden deutlich werden. In der zweiten Hälfte ihres ersten Lebensjahres behalten Babys ihr Lächeln meistens vertrauten Bezugspersonen vor und protestieren oft, wenn Fremde sich ihnen nähern oder sie auf den Arm nehmen wollen. Es ist nicht mehr so einfach, Babys, die älter als sechs Monate sind, bei anderen Menschen zu lassen. Ab diesem Alter brauchen sie Zeit, um mit neuen Menschen vertraut zu werden, bevor sie sich wohl bei ihnen fühlen.

Wenn einjährige Kinder von der Mutter getrennt werden

Wenn einjährige Kinder eine gesunde Bindung an ihre Mütter entwickelt haben, erforschen sie in deren Gegenwart meistens aktiv ihre Umgebung, benutzen die Mutter aber als sicheren Ausgangspunkt, zu dem sie von Zeit zu Zeit zurückkehren. Meistens protestieren sie heftig, wenn sie von ihr getrennt werden, vor allem wenn sie an fremden Orten sind, und begrüßen sie freudig, wenn sie wiederkommt. Dieses Verhalten ist typisch für eine sichere Bindung und zeigt sich bei Kindern, deren Mütter einfühlsam auf sie eingehen.[7] Eine ähnlich gesunde Bindung kann sich auch zwischen kleinen Kindern und ihren Vätern (oder anderen Bezugspersonen) entwickeln.

Die Trennungsangst ist bei Einjährigen zum Teil deswegen so stark, weil sie in diesem Alter noch keinen Begriff von der Zukunft haben. Sie können sich nicht vorstellen, dass die Eltern jemals zurückkehren, selbst wenn man ihnen das erklärt. Sie wissen nur, dass ihre Eltern jetzt weg sind.

Nach etwa zwei Jahren nimmt die Trennungsangst meistens ab, zumal das Kleinkind allmählich auch sprechen lernt und die Fähigkeit entwickelt, sich die Rückkehr der Eltern vorzustellen. Trotzdem haben viele Zwei- und Dreijährige weiterhin starke Trennungsängste, und das ist auch ganz normal. Selbst Kinder im Alter von acht, neun Jahren brauchen manchmal noch Zeit, um sich bei neuen Menschen wohl zu fühlen. Kinder wollen lieber mit vertrauten Menschen zusammen sein, vor allem in Zeiten von Krankheit oder Stress.

Trennungsangst bei älteren Kindern

Es ist wichtig, die berechtigten Bindungsbedürfnisse von Kindern zu respektieren. Ich rate nicht, ein Kind bei fremden Menschen zu lassen, wenn es dagegen protestiert. Es ist besser, sich die Zeit zu nehmen, die das Kind braucht, um sich mit einer neuen Betreuungsperson bekannt zu machen und wohl zu fühlen. Vielleicht erfordert das bei sensiblen Kindern mit einer starken Elternbindung mehrere Besuche über einen Zeitraum von einigen Wochen.

Kinder sämtlicher Altersstufen verdienen genau zu wissen, was sie zu erwarten haben. Deswegen ist es wichtig, dass wir ihnen alles erklären, ganz gleich, wie klein sie sind, denn sie verstehen Sprache schon lange, bevor sie selbst sprechen. Sagen Sie Ihrem Kind, wohin es kommt, wer auf es aufpasst, wann Sie gehen werden und wer es abholt. Es ist wichtig, sich an diese Pläne dann auch zu halten, denn Veränderungen können für kleine Kinder sehr beunruhigend sein.

Kinder weinen oft bei Trennungen, selbst wenn sie bei vertrauten Menschen bleiben. Es gibt mehrere mögliche Gründe dafür. Eine Hauptursache kann sein, dass die jeweilige Person sich nicht wirklich auf das Kind einstellt. Kinder, die es gewohnt sind, dass ihre Eltern auf sie eingehen, ziehen diese natürlich den Menschen vor, die weniger einfühlsam auf ihre emotionalen Bedürfnisse reagieren. Manchen Eltern fällt auf, dass ihre Kinder mit bestimmten Menschen viel schneller zurechtkommen als mit anderen. Man kann darauf vertrauen, dass Kinder wissen, wer ihnen gut tut und wer nicht.

Aufgestauter Stress

Ein weiterer Grund für das Weinen bei Trennungen ist, dass das Kind weinen muss, weil es zuvor schon viel Stress angesammelt hat, der mit der Trennung gar nichts zu tun hat. Vielleicht weint das Kind bei seinen Eltern nicht viel, weil sie es oft vom Weinen ablenken. Wenn es dann von ihnen getrennt wird, gibt es die üblichen Ablenkungen nicht mehr, und es ist frei zu weinen. Solch ein Kind hat scheinbar ungewöhnlich starke Trennungsängste, die in Wirklichkeit aber lediglich sein Bedürfnis zu weinen ausdrücken. Das Kind weint nicht wegen der fehlenden Eltern, sondern entlädt einfach angesammelten Stress, den es in Gegenwart seiner Eltern nicht loswerden konnte. Wenn das der Fall ist, dann tut es dem Kind gut, bei einem anderen vertrauten Menschen zu sein und weinen zu dürfen, vorausgesetzt, diese Person gibt ihm liebevolle Unterstützung und Aufmerksamkeit, während es weint. Manche Kinder werden so abhängig von der Gegenwart ihrer Mutter, dass sie weinen, wenn sie bei ihrem Vater oder anderen gut bekannten Verwandten bleiben sollen. Der Grund dafür kann sein, dass die Mutter selbst als Kontrollmuster für ihr Kind agiert. (Siehe Teil II, Kapitel »Wie das Weinen von Babys unterdrückt wird«, wo ich dies näher erläutere.)

Frühere traumatische Erfahrungen

Eine weitere Möglichkeit ist, dass die Trennungssituation selbst das Kind an eine frühere, traumatische Trennung erinnert. Das kann dazu führen, dass es bei Trennungen immer wieder heftig weint, da es versucht, sich von dem früheren, unbewältigten Trauma zu heilen. Trennungen im Babyalter können lange nachwirken. Obwohl Babys unter sechs Monaten meistens nicht protestieren, wenn sie bei Fremden gelassen werden, sollten längere Trennungen von den primären Bezugspersonen in dieser Zeit vermieden werden, denn sie können die Entwicklung einer festen Bindung stören. Eine Trennung von der Mutter bei der Geburt, und sei es nur für kurze Zeit, kann

zum ursprünglichen Trauma werden, das durch spätere Trennungen wieder ausgelöst werden kann.
Hier eine Erfahrung aus meiner eigenen Kindheit:

Als ich drei Jahre alt war, meldeten meine Eltern mich im Kindergarten an. Zu ihrer großen Bestürzung weinte ich jeden Tag, wenn meine Mutter mich dort zurückließ. Das ging vier ganze Monate so. Ich weiß noch, wie unglücklich ich war, während eine Lehrerin mich zwar auf den Arm nahm, aber – wie mir schien – dabei ständig versuchte, mich für zahlreiche verschiedene Aktivitäten zu interessieren.
Als Erwachsene fand ich die mögliche Ursache für diese ungewöhnlich heftige Trennungsangst heraus. Als ich sieben Monate alt war, hatten meine Eltern mich einen ganzen Monat lang bei meinen Großeltern gelassen, die fremd für mich waren. Dies ist ein wichtiges Alter, in dem sich zwischen einem Baby und seinen primären Bezugspersonen bereits eine starke Bindung entwickelt hat. Eine lange Trennung in diesem Alter kann sehr traumatisch sein. Meine Großeltern unterstützten mich beim Weinen ebenso wenig wie meine Mutter, als wir wieder zusammenkamen.
Bis zum oben beschriebenen Eintritt in den Kindergarten im Alter von drei Jahren wurde ich von meiner Mutter nicht wieder getrennt. Diese Trennung muss mich an den früheren, traumatischen Monat als Baby erinnert haben, wo ich nicht wusste, ob meine Mutter jemals zurückkehren würde. Jeden Tag, wenn meine Mutter mich in der Schule ließ, versuchte ich mich von der früheren traumatischen Trennung zu heilen. Ich konnte jedoch pro Tag immer nur einige Minuten weinen. Nach vier Monaten in der Schule hatte ich das Weinen abgeschlossen, das für mich notwendig war, und musste nicht länger Tränen vergießen, wenn meine Mutter von mir wegging. Hätten meine Lehrer mir ihre ganze Aufmerksamkeit geschenkt und mich in den ersten Tagen so lange weinen lassen, wie ich es brauchte (statt zu versuchen, mich abzulenken), hätte ich vielleicht eine oder mehrere Stunden auf einmal geweint. Auf diese Weise hätte ich das frühere Trauma vielleicht in weniger als einer Woche bewältigt.
(Als ich vier Jahre alt war, verbrachten wir ein Jahr in einem anderen Land, und ich gewöhnte mich sofort und ohne jedes Weinen an den neuen Kindergarten dort!)

Wie Lehrer helfen können

Lehrerinnen und Lehrer haben meistens sehr viel Erfahrung im Umgang mit Trennungen. Vielleicht haben sie einen objektiveren Blick, weil sie mit dem Kind emotional einfach nicht so verbunden sind wie die Eltern. Lehrer können Eltern helfen, indem sie diese über die verschiedenen Bindungsphasen aufklären und ihnen versichern, dass sich ihr Kind ganz normal verhält. Wenn Lehrer versuchen, Vorschläge für den Umgang mit Trennungen zu machen, sollten sie jedoch darauf achten, die Gefühle von Kindern und Eltern nicht herunterzuspielen oder zu bagatellisieren. Eltern sollten ermutigt werden, ihrem eigenen Urteil zu vertrauen, und sich für die Trennung von ihrem Kind so viel Zeit nehmen, wie es sich für sie richtig anfühlt. Die Entscheidung, wann sie gehen, liegt letzten Endes bei ihnen. Trotzdem sollten sie in dieser Entscheidung unterstützt werden.

Es ist wichtig, dass Eltern ihre Gefühle und Bedürfnisse klar zur Sprache bringen. Möchten sie, dass die Erzieherin ihr weinendes und klammerndes Kind hält, damit sie pünktlich ins Büro kommen? Vielleicht ist es ihnen auch lieber, jemand beschäftigt ihr Kind mit etwas anderem, während sie in der Nähe bleiben und zuschauen. Vielleicht möchten sie gern darin bestätigt werden, dass es in Ordnung ist, die ersten Tage an der Schule mit ihrem Kind zusammen zu verbringen.

Wenn Kinder bei Trennungen weinen, muss ihr Weinen akzeptiert werden, ganz gleich, welche Gründe es hat. Man sollte ihnen erlauben, ihren Kummer, ihren Ärger und ihre Angst voll zum Ausdruck zu bringen. So schwierig es für die Erwachsenen sein mag, es ist bei weitem besser für ein Kind, ungehindert weinen zu können, als wenn seine Gefühle verleugnet, verharmlost und ignoriert werden oder man versucht, es davon abzulenken.

Um eine Szene zu vermeiden, warten einige Eltern, bis ihr Kind glücklich ins Spiel vertieft ist, und schleichen dann aus der Tür, wenn das Kind nicht aufpasst. Ich rate davon ab, denn es führt langfristig lediglich zu Misstrauen, Unsicherheit und noch mehr Klammern. Es ist besser, wenn Kinder wissen, wann ihre Eltern gehen, und sich der Trennung stellen, selbst wenn ihnen das Kummer bereitet. Denken Sie immer daran, dass die Trennung selbst lediglich ein Auslöser für das Weinen sein kann.

Sagen Sie Ihrem Kind, dass Sie weggehen

Das folgende Beispiel zeigt die unangemessenen Versuche einer Mutter, ihren Sohn bei einer schwierigen Trennung am Weinen zu hindern. Die Tagesmutter hingegen unterstützt den Jungen, indem sie ihm beim Weinen zuhört. Diese berichtete Folgendes:

Es gab da einen kleinen Jungen, er war drei Jahre alt, dessen Mutter sehr besorgt und fürsorglich war. Er kannte mich, aber ich hatte bislang nie auf ihn aufgepasst, und er war noch nie bei mir zu Hause gewesen. Als seine Mutter ihn zu mir brachte, begann er zu weinen und wollte nicht, dass sie ging. Sie sagte: »Hör jetzt auf damit. Sei ein braver Junge, weine nicht, das reicht jetzt.« Aber er weinte weiter, und sie setzte sich zu ihm und versprach ihm Kekse und einen Schokoriegel zu bringen. Dann sagte sie: »Du weißt doch, dass du nicht so weinen sollst. Du bist doch schon ein großer Junge und kein Baby mehr.« Natürlich weinte er daraufhin nur noch heftiger. Schließlich beschloss sie zu gehen und sagte: »Ich komme doch zurück. Hör auf zu weinen.« Ich sagte: »Machen Sie sich keine Sorgen um ihn. Mich stört sein Weinen nicht.«
Sobald sie gegangen war, nahm ich ihn in den Arm, und er weinte und weinte. Zuerst sträubte er sich dagegen, gehalten zu werden, und ich sagte: »Du bist traurig, weil deine Mutti weggegangen ist. Du hast ein bisschen Angst. Du kennst mich auch nicht sehr gut. Deine Mutti wird bald wiederkommen. Es ist in Ordnung, wenn du weinst. Du kannst so lange weinen, wie du willst. Dann wirst du dich besser fühlen. Es ist gut so. Ich weiß, dass du zu deiner Mutti möchtest und Angst hast.«
Er weinte ungefähr 20 Minuten und sträubte sich nicht länger als die erste Minute, dann ließ er zu, dass ich ihn hielt. Er schien erleichtert zu sein, dass er weinen konnte. Anschließend ging es ihm gut, er spielte ganz glücklich mit den Spielsachen und begann mit mir zu reden. Ich hatte ihn nie vorher reden gehört. Jedes Mal,

wenn ich ihm begegnete, war er sehr still und ängstlich gewesen. Es war eine schöne Belohnung, als er einfach drauflosplapperte und mir ganz glücklich Verschiedenes erzählte.

Ängste der Eltern

Einige Kinder haben ungewöhnlich starke und beharrliche Widerstände gegen eine Trennung, selbst wenn sie bei ganz vertrauten Menschen bleiben sollen. Der Grund dafür ist, dass sie die Angst ihrer Eltern spüren. Wenn Ihr Kind auffällig heftige Trennungsängste hat, kann es hilfreich sein, Ihre eigenen Gefühle bei Trennungen zu erforschen. Vielleicht machen Sie sich ja berechtigte Sorgen um die körperliche Sicherheit oder das emotionale Wohlergehen Ihres Kindes während Ihrer Abwesenheit. Wenn Sie entsprechende Befürchtungen oder Fragen haben, ist es wichtig, dass Sie diese mit der neuen Betreuungsperson besprechen. Sollten Sie sich jedoch weiterhin ängstigen, ist es vielleicht klug, sich nach einer neuen Unterbringungsmöglichkeit für Ihr Kind umzuschauen.

Wenn Sie zögern, Ihr Kind bei anderen Menschen zu lassen, kann ein möglicher Grund dafür sein, dass Sie an die eigenen früheren Trennungen in Ihrem Leben erinnert werden. Haben Sie als Kind selbst eine traumatische Trennung von Ihren Eltern oder eine Fehlgeburt, eine Totgeburt oder den Tod eines Kindes erlebt, ist es ganz natürlich, dass Sie Angst haben, sich von Ihrem Kind zu trennen. Wenn Sie jedoch vermuten, dass Ihre eigenen Widerstände gegen eine Trennung negative Auswirkungen auf Ihr Kind haben, kann es hilfreich sein, Ihre Gefühle mit kompetenter therapeutischer Unterstützung zu verarbeiten.

Wenn Kinder nicht mehr beim vertrauten Babysitter bleiben wollen

Wenn Ihr Kind sich plötzlich weigert, bei dem ihm vertrauten Babysitter oder Verwandten zu bleiben, bei dem es früher gerne und mit Freude blieb, sollten Sie die möglichen Ursachen dafür herausfinden. Vielleicht hat das

Kind Angst, weil es einen neuen Hund im Hause dieses Menschen gibt, oder vielleicht wendet sich ihm die Person weniger zu als bislang. Vielleicht wurde das Kind geschlagen oder angebrüllt. Seien Sie auch auf die Möglichkeit körperlichen oder sexuellen Missbrauchs gefasst. Wir müssen Kindern vertrauen. Wenn sie plötzlich starke Widerstände haben, bei einem bestimmten Menschen zu bleiben, dann *sollten wir sie auch nicht bei diesem Menschen lassen.*

Abschließend kann gesagt werden, dass Sie drei wichtige Richtlinien im Hinterkopf behalten sollten, wenn Sie es mit dem komplizierten Thema »Trennung« zu tun haben:

1. Babys und auch größere Kinder haben ein echtes und berechtigtes Bedürfnis, von vertrauten Menschen betreut zu werden, die einfühlsam auf sie eingehen. Sie sollten niemals bei total fremden Menschen gelassen werden, wenn sie dagegen protestieren.
2. Wenn Kinder bei liebevollen Menschen bleiben sollen, die ihnen vertraut sind, weinen sie aus mehreren möglichen Gründen, zum Beispiel dass der Kummer über frühere schmerzliche Trennungen in ihnen wach wird oder sie Stress angesammelt haben.
3. Ganz gleich, wie der Grund für das Weinen aussieht, Kinder brauchen warmherzige, liebevolle Unterstützung, wenn sie weinen. Wir müssen ihnen in solchen Situationen aufmerksam zuhören und ihr Bedürfnis zu weinen akzeptieren.

Der Umgang mit Gewalt

Wir machen uns heute sehr viele Sorgen um all die Gewalt in der Welt. Was sind die Ursachen für Gewalt? Warum schlagen oder beißen manche Kinder? Und wie werden süße kleine Babys zu bewaffneten Bandenmitgliedern, vielleicht sogar Mördern und Terroristen?

Warum werden Kinder gewalttätig?

Es gibt zwei grundlegende Umstände, die bei Menschen zu gewalttätigen Tendenzen führen. Einer ist, dass *der Mensch verletzt wurde.* Ein Kind, dem der Hintern versohlt, das geschlagen, herumgestoßen oder mit Gewalt bedroht wurde, läuft Gefahr, selbst gewalttätig zu werden. Sexueller Missbrauch und emotionale Vernachlässigung sind weitere Verletzungen, die zur Gewaltneigung führen können. Die Ansammlung von vielen kleineren Verletzungen (Stress) kann ebenfalls gewalttätiges Verhalten nach sich ziehen. Die Ängste, Enttäuschungen und Frustrationen der Kindheit können sich häufen und ein Kind dazu bringen, zu schlagen oder zu beißen.

Der zweite wesentliche Grund ist nicht so schnell ersichtlich. *Dem Menschen wurde nicht erlaubt, sich von den Emotionen zu entlasten, die auf Verletzungen beruhen.* Er trägt Gefühle zu seinen Erlebnissen mit sich herum, die sich nicht lösen konnten und nicht zum Ausdruck gebracht wurden. Nur dann hat er die Tendenz, anderen Menschen gegenüber gewalttätig zu werden. Die Erfahrung, Opfer von Gewalt oder anderen schmerzlichen Erfahrungen zu sein, erzeugt nur dann Gewalt in Kindern, wenn ihre Emotionen blockiert und unterdrückt wurden. Wenn das der Fall ist, ist Gewalt gegen die eigene Person oder gegenüber anderen eine fast unvermeidliche Folge. Gewalt ist ein fehlgeleiteter Ausdruck der Wut oder des Entsetzens einer Person in einer Umgebung, in der die Sicherheit fehlt, starke Gefühle zeigen oder sich von ihnen entlasten zu können.

Zu diesen beiden grundlegenden Bedingungen kommt die Tatsache hinzu, dass Gewalt in den meisten Industrieländern toleriert, wenn nicht gar verherrlicht wird und gesellschaftlich als angemessenes männliches Verhalten gilt. Kinder kommen mit Sportarten, Fernsehsendungen, Filmen und elektronischen Spielen in Berührung, in denen zumeist männliche Hauptfiguren Gewalt ausüben. Kleinen Jungen gibt man Spielzeugsoldaten, Gewehre und anderes Kriegsspielzeug in die Hand. In Büchern und Schultexten wird der Krieg oft als überwiegend männliche Aktivität gerühmt und männliche Eroberer werden als großartige Helden dargestellt. Viele Eltern loben ihre Söhne, wenn diese sich gegen Spielplatztyrannen selbst verteidigen und kämpfen. Sie machen sich Sorgen um Jungen, die sich weigern, kämpfend zu reagieren. Kommt dann noch die Tatsache hinzu, dass wir von Jungen erwarten, sich abgebrüht zu verhalten und nicht zu weinen, überrascht es nicht, dass Männer mehr gewalttätige Verbrechen begehen als Frauen. Wenn wir bewusst eine Kultur planen würden, die das Ziel hat, gewalttätige Menschen hervorzubringen, dann würde diese genau so aussehen wie die Gesellschaft, in der die meisten Jungen heute aufwachsen.[8]

Wie können wir kindlicher Gewalt vorbeugen?

Um Gewalt vorzubeugen, müssten wir als Erstes aufhören, Gewalt gegen Kinder zu verüben. Das heißt, keine Prügel oder Schläge. Außerdem müssten wir Kinder vor gewalttätigen Szenen im Fernsehen oder in Videofilmen schützen. Wir müssten Jungen neue Botschaften über Gewalt vermitteln und von ihnen das gleiche gewaltlose Verhalten erwarten wie von Mädchen.

Außerdem müssen wir *Jungen und Mädchen erlauben, zu weinen und zu wüten*. Sonst hegen sie unbewältigten Ärger, Groll, Frustration und Angst, die sie als Gewalt gegen andere oder sich selbst ausagieren könnten. Weinen kann aggressive Energien sehr wirkungsvoll auflösen.[9] Viel von dem emotionalen Schmerz der Kindheit ist unvermeidlicher Bestandteil des Wachsens und Lernens. Selbst bei den liebevollsten Eltern und Lehrern werden Kinder verletzt und erleben Stress. Deswegen ist es von entscheidender Bedeutung, den natürlichen Heilungsmechanismus des Weinens und Wütens zuzulassen.

Wie können Erwachsene auf diesem Hintergrund auf ein Kind eingehen, das sich gewalttätig verhält? Das Kind muss körperlichen oder emotionalen Schmerz erlebt und nicht die Möglichkeit gehabt haben, sich von seinen Gefühlen zu entlasten. Deswegen müssen gewalttätige Kinder ermutigt werden, zu weinen und zu wüten. Wenn ein Kind ein anderes Kind mit einem Holzklotz schlagen will, können Sie seinen Arm festhalten und es mit einem lauten »Nein!« stoppen. Dieses entschiedene Unterbinden von Gewalt kann der notwendige Anlass dafür sein, eine gesunde Entladung von Tränen und Wut bei dem Möchtegernangreifer zu ermöglichen.

Hier ein Beispiel, das mir meine Schwester erzählte, die häufig auf ein fünfjähriges Mädchen aufpasste (das ich Jasmin nennen will):

Eines Tages, als ich mit Jasmin zusammen war, war sie weinerlich, und Laura, ihre Mutter, hatte anderes zu tun und keine Geduld oder Aufmerksamkeit für ihre Tochter mehr. Ich schlug Jasmin vor, bei ihr zu bleiben, wenn sie mit mir in den Garten gehen wolle. Sie war sofort einverstanden, nach draußen zu gehen. Während Laura im Haus die Wäsche erledigte, saß ich mit Jasmin draußen und schenkte ihr meine Aufmerksamkeit. Sie war immer noch weinerlich und aufgebracht. Sie griff nach einem langen Stock und versuchte mich damit zu schlagen. Ich fing ihn jedes Mal ab, bevor er mich traf, und sagte: »Ich werde nicht zulassen, dass du mich mit dem Stock schlägst.« Nach einer Weile hielt ich mein Ende des Stockes fest, statt es loszulassen, und sie zog heftig daran, weil sie den Stock zurückhaben wollte. An diesem Punkt sagte sie: »Loslassen, loslassen!« Sie brach in Tränen aus und weinte und schluchzte ganz intensiv, während wir beide den Stock festhielten. Das ging eine ganze Zeit so, bis Laura, die ihre Tochter weinen hörte, auf die Veranda kam und mit gereizter Stimme fragte: »Warum gibst du ihr den Stock nicht?« Sie dachte, ich hätte die Tränen bei Jasmin ausgelöst. Ich ließ den Stock also los. Jasmin hörte auf zu weinen, aber dann legte sie das Ende des Stockes wieder in meine Hand, begann erneut daran zu ziehen und fuhr fort zu weinen! Das war für mich ein klarer Hinweis, dass sie weinen musste und von mir wollte, dass ich den Stock hielt, damit sie daran ziehen konnte.

Halten Sie Ihr Kind fest

Zu anderen Zeiten kann das liebevolle Festhalten die einzige Möglichkeit sein, ein Kind daran zu hindern, gewalttätig zu werden. Wenn ein älteres Geschwister das Baby stößt oder schlägt, müssen Sie es vielleicht festhalten und ihm erklären, dass Sie nicht zulassen können, dass es das Baby verletzt. Halten Sie das Kind weiter fest, wird es wahrscheinlich kämpfen und protestieren, aber wenn Sie liebevoll darauf bestehen, die körperliche Kontrolle über das Kind zu behalten, wird sich sein Ärger wahrscheinlich schließlich in Tränen umwandeln, die es dann in Ihrer sicheren Umarmung weinen kann. Sie können sagen: »Ich weiß, dass du deine kleine Schwester manchmal hasst und ihr gern wehtun möchtest. Ich verstehe, wie du dich fühlst, aber ich muss dafür sorgen, dass ihr beide sicher seid, deswegen werde ich dich noch eine Weile halten. Ich höre deiner Traurigkeit und deinem Ärger zu. Es ist in Ordnung, wenn du weinen musst.«

Vermitteln Sie dem Kind Sicherheit

Der Schlüssel, Ärger und Gewalt zu verhindern, liegt darin, dem Kind so viel Sicherheit zu vermitteln, dass es seine Gefühle durch Weinen loslassen kann, statt sie durch verletzendes Verhalten gegenüber anderen auszuagieren. Was immer dem Kind ermöglicht, sich geliebt und sicher zu fühlen, wird ihm helfen,

den Drang zur Gewalt in heilsame Tränen umzuwandeln. Gleichzeitig muss die Gewalttätigkeit entschieden unterbunden werden, um jeden Schaden zu verhindern. Festes, aber liebevolles Halten dient diesen beiden Zwecken: Das gewalttätige Verhalten wird verhindert und dem Kind werden die Liebe und Nähe vermittelt, die es braucht, um sich sicher zu fühlen. Wenn Sie dabei bewusst und einfühlsam vorgehen, kann Halten extrem wirkungsvoll und wohltuend sein.
Hier ein Beispiel für effektives Halten, das mir die Mutter eines Dreijährigen erzählte:

Ich weiß allmählich, wann er weinen muss. Heute Morgen zum Beispiel war mir klar, dass er weinen muss. Er wachte nicht besonders glücklich auf. Er war ziemlich schlecht gelaunt und schlug nach mir. Was schließlich ein heftiges Weinen auslöste, war, als ich ihn in ein Handtuch wickelte und er sich befreien wollte. Genau das war's. Ich hielt ihn einfach, und er schrie und weinte. Ich hielt ihn nicht so fest, dass er sich nicht bewegen konnte. Er konnte kämpfen und zappeln, aber ich ließ ihn auch nicht ganz los. Ich sagte: »Ich will einfach, dass du ein paar Minuten hier bleibst.« Er weinte und weinte, schrie, trat um sich und kämpfte. An einem Punkt ließ ich ihn aus dem Handtuch, aber da drehte er sich um und warf etwas nach mir. Also wickelte ich ihn wieder ein und er fuhr fort zu weinen. Nachdem ich ihn etwa zehn Minuten so gehalten hatte, ließ ich ihn los, und er war ein anderes Kind. Keine schlechte Laune mehr, nur noch ein Lächeln. Es ging ihm einfach gut. Ich fragte ihn, ob ich ihn umarmen könne, und er legte seine Arme um mich und drückte mich fest. Da wusste ich, dass er genug geweint hatte.

Manchen Erwachsenen widerstrebt es, ein Kind so festzuhalten, weil sie das Gefühl haben, das Kind zu unterdrücken, wenn sie es gegen seinen Willen halten. Aber dieselben Erwachsenen zögern oft nicht, ein Kind gegen seinen Willen auf sein Zimmer zu schicken (eine Methode, die in den Vereinigten Staaten als »time-out« bekannt ist). Oft drohen sie dann mit weiteren Strafen, um das Kind davon abzuhalten, wieder aus dem Zimmer zu kommen. Wenn wir ein

gewalttätiges Kind auf sein Zimmer schicken, hat das vielleicht kurzfristige Wirkungen. Das zugrunde liegende Problem wird dadurch jedoch nur verstärkt, denn das Kind fühlt sich allein gelassen, missverstanden und nicht geliebt. Deswegen empfehle ich liebevolles Halten statt Isolation oder den Entzug von Aufmerksamkeit.
Auch wenn gewalttätige Kinder sich anfangs meistens gegen Nähe sträuben, wollen sie in Wirklichkeit doch gehalten werden, wie das folgende Beispiel zeigt:

Ich passte häufig auf einen zweijährigen Jungen auf, den ich seit seiner Babyzeit kannte. Im Alter von zwei Jahren begann er andere Kinder zu schlagen, wenn er frustriert war. Eines Tages, nachdem er ein anderes Kind geschlagen hatte, nahm ich ihn in meine Arme und hielt ihn fest, aber liebevoll. Er versuchte sich freizukämpfen und begann zu weinen, wobei er sagte, dass er seine Decke haben wolle (eine Schmusedecke, die er meistens überall mit hinnahm). Ich hielt ihn weiter, während ich zuhörte und seine Gefühle bestätigte. Schon bald hörte er auf zu kämpfen und schluchzte eine Stunde lang in meinen Armen, dann schlief er ein.
Mehrere Tage nach diesem Vorfall verhielt er sich anderen Kindern gegenüber überhaupt nicht gewalttätig. Eine Woche später jedoch war er wütend auf ein anderes Kind. Er griff nach einem Holzklotz mit der Absicht, das Kind damit auf den Kopf zu schlagen. Als er seinen Arm hob, rief ich laut: »Nein!« Er schaute mich an, ließ den Klotz fallen, kam zu mir und sagte: »Nimm mich auf den Arm!« Ich hielt ihn, und er begann zu protestieren und zu kämpfen, um freizukommen. Ich hielt ihn jedoch weiter fest, und schon bald begann er zu weinen. Sein Widerstand ließ langsam nach, und er weinte anderthalb Stunden vertrauensvoll in meinen Armen. Anschließend war er entspannt, glücklich und überhaupt nicht mehr aggressiv.

Dieses Beispiel half mir zu begreifen, dass Kinder wirklich gehalten werden wollen, selbst wenn sie manchmal darum kämpfen, freizukommen. Sie brauchen die Bestätigung, dass etwas stärker und mächtiger ist als ihre Wut. Diese stärkere Kraft ist die Bindung zwischen dem Erwachsenen und dem

Kind. Ein ärgerliches Kind halten heißt, ihm so etwas wie ein stabiles Gefäß zu bieten, in das es seine Gefühle schütten kann. *Das Festhalten sollte jedoch niemals als Strafe oder Rache dienen oder dazu, ein Kind zu Unterwürfigkeit oder Gehorsam zu zwingen.* Wenn wir ein Kind mitfühlend und liebevoll halten, löst das bei ihm keinen Groll aus.

Gelegentlich wandte ich dieses Halten auch bei meinen beiden eigenen Kindern an. Wenn ich sie so lange hielt, bis das Weinen von selbst aufhörte, waren sie hinterher immer bester Laune. Oft wollten sie anschließend mit mir schmusen, selbst wenn sie noch vor wenigen Minuten versucht hatten, sich von mir freizukämpfen. Nach einer Weinphase, in der mein sechsjähriger Sohn vehement gegen mein Halten protestiert hatte, sagte er: »Ich mag so mit dir knuddeln, weil ich dann was loswerde.«

Festhalten in Kindergarten und Schule

Wenn Lehrer und Erzieher gewalttätige Kinder halten möchten, empfehle ich, die Eltern um Erlaubnis zu bitten wie für jede andere Form des Disziplinierens auch. Das Halten funktioniert am besten, wenn der Erwachsene zu dem Kind eine enge, liebevolle Beziehung hat. Es ist eine sehr nützliche und wirkungsvolle Alternative zur Bestrafung, sowohl zu Hause als auch im Kindergarten oder in der Kindertagesstätte. Durch Halten setzen wir dem aggressiven Verhalten des Kindes Grenzen, ohne ihm Schaden zuzufügen. So wird echte Heilung möglich.

Der Nutzen des Haltens von Kindern, die schlagen, treten, kratzen oder beißen, wird in einem Buch erläutert, das für Lehrer geschrieben und von der National Association for the Education of Young Children (Nationale Gesellschaft für die Erziehung kleiner Kinder) herausgegeben wurde. Im folgenden Auszug aus diesem Text wird das Halten beschrieben und erklärt, warum es eine bessere Methode ist, als ein Kind zu schlagen:

Benutzen Sie Ihre Hände, Arme und Ihren Körper, um das Kind zu halten, oder gehen Sie mit ihm in ein kleines Zimmer. Das Kind wird von Ihrer Kontrolle und Ihrem Verständnis profitieren. Es wird seinen Ausbruch beenden, und anschließend wird es ihm gut gehen. Wenn es das nächste Mal wieder ärgerlich wird, wird das Kind sich daran erinnern, dass Sie ihm nicht feindlich gesonnen sind und Wege kennen, wie es seine Selbstkontrolle zurückgewinnen kann ... Gelegentlich kann es notwendig sein, die Arme des Kindes festzuhalten, wenn es nach Ihnen schlagen will, nach seinem Kinn zu greifen, wenn es Sie beißen will, oder mit Ihren Füßen seine Beine nach unten zu drücken, wenn es versucht Sie zu treten. Wenn Sie das allein aus dem Grunde tun, das Verhalten des Kindes zu kontrollieren und weil Sie glauben, dass es falsch wäre, es zu schlagen, sorgen Sie für Ihrer beider Sicherheit. Sie werden nach dieser Krise mit Respekt füreinander zusammenarbeiten können.[10]

Sollte gewalttätiges Verhalten »umgeleitet« werden?

Manche Erwachsenen versuchen das gewalttätige Verhalten umzuleiten. So wird einem Kind, das seine kleine Schwester schlägt, zum Beispiel eine Puppe gegeben, die es stattdessen schlagen kann, oder man erlaubt ihm, auf ein Kissen einzuhauen. Ein Kind, das einen Freund beißt, kann aufgefordert werden, in ein Spielzeug aus Gummi oder einen Apfel zu beißen. Dieses Umlenken der Gewalt auf andere Objekte kann kurzfristig helfen, das mögliche reale Opfer zu schützen. Es kann dem aggressiven Kind auch vermitteln, dass seine Gefühle bestätigt und verstanden werden. Die unterschwelligen Gefühle lösen sich jedoch erst, wenn das Kind auch weint und tobt. Weil Gewalt so häufig ein fehlgeleiteter Ausdruck von Schrecken oder Kummer ist, bringt der körperliche Akt des Schlagens oder Beißens wahrscheinlich keine wirkliche Entlastung von den schmerzlichen Gefühlen, die das Kind empfindet. Ein eifersüchtiges Geschwister, das andere geschlagen oder gebissen hat, überwindet seine Angst, die Liebe seiner Eltern zu verlieren, am besten, wenn es sich in ihrer sicheren Umarmung ausweinen kann.

Manchmal werden Kinder gewalttätig gegen ihre Eltern. Dafür gibt es mehrere mögliche Erklärungen. Dieses Verhalten kann ein Hinweis darauf sein, dass die Eltern das Kind verletzt und vielleicht strafend, autoritär, ungerecht, ungeduldig oder respektlos auf die berechtigten Bedürfnisse des Kindes reagiert oder diese vernachlässigt haben. Es ist sicher gerechtfertigt, das gewalttätige Verhalten des Kindes zu unterbinden, aber auch das Verhalten der Erwachsenen muss überprüft werden, da es der Auslöser für die kindliche Aggression sein könnte.

Gewalttätiges Verhalten gegenüber Eltern

Es gibt keine perfekten Eltern. Deswegen sind *alle* Kinder manchmal wütend auf ihren Vater oder ihre Mutter, vor allem auf die wichtigste Bezugsperson. In den Augen der Kinder ist die Mutter abwechselnd eine Göttin (wenn sie entspannt und liebevoll ist) und ein Monster (wenn sie die Geduld verliert oder dem Kind keine Aufmerksamkeit schenkt). Außerdem müssen Eltern aus Gründen der Gesundheit und Sicherheit notwendige Grenzen setzen, wie zum Beispiel ein scharfes Messer außer Reichweite kindlicher Hände bringen oder das Kind beim Autofahren im Kindersitz anschnallen. Wenn Kinder ärgerlich sind, muss man sie daran hindern zu schlagen. Dabei sollten wir ihnen aber erlauben, offen zu protestieren, indem sie weinen und wüten und sagen dürfen: »Ich hasse dich!« *Sie müssen die Erfahrung machen, dass die Eltern sie aufgrund dieser Gefühle nicht ablehnen.*

Einige Kinder, die versuchen ihre Eltern zu schlagen, haben vielleicht einfach sehr viel Stress angehäuft (der mit dem Verhalten der Eltern gar nichts zu tun haben muss) und brauchen feste Grenzen, um sich von den entsprechenden Gefühlen zu entlasten. Wie die obigen Beispiele zeigen, bittet das Kind durch sein Schlagen möglicherweise um Unterstützung, sich von heftigen Emotionen zu befreien. Wenn wir das Kind halten, kann das eine wirkungsvolle Möglichkeit sein, Grenzen zu setzen und dem Kind einen Rahmen zu

bieten, in dem es weinen und wüten und seine Aggressionen auf harmlose Weise herauslassen kann.
Zusammenfassend können wir über den Umgang mit Gewalt sagen, dass Kinder, die Gewalt ausüben, immer an schmerzlichen Gefühlen leiden. Es gibt wirkungsvolle Wege, gewalttätiges Verhalten ohne Strafen zu unterbinden und dabei dem Kind zu helfen, die unterschwelligen Gefühle loszulassen. *Es ist wichtig zu wissen, dass Kinder unsere Liebe und Aufmerksamkeit am meisten dann brauchen, wenn sie es durch ihr Verhalten scheinbar am wenigsten verdienen.*

Tränen vor dem Schlafengehen

Weinen, um zur Ruhe zu kommen

Sehr häufig müssen Kinder weinen, bevor sie sich entspannen und einschlafen können. Manche Kinder suchen einen Vorwand für ihr Weinen (denken Sie an den zerbrochenen Keks!). So kann ein kleines Mädchen zum Beispiel 20 Minuten weinen, weil eines ihrer Schwimmtiere in der Badewanne kaputtgegangen ist oder sie den Geschmack der Zahnpasta (über den sie sich bislang noch nie beschwert hat) »hasst«. Ein anderes Kind kann seine Schwester oder seinen Bruder so heftig provozieren, bis beide Kinder in Tränen ausbrechen. Dieses Weinen am Abend ermöglicht Kindern, aufgestaute Spannungen abzubauen, bevor sie einschlafen. Kinder, die genügend geweint haben, schlafen schneller ein und schlafen nachts besser.

Manche Kinder werden abends hyperaktiv. Damit sie zur Ruhe kommen, tut es ihnen gut, wenn sie mit weniger äußeren Anreizen und Ablenkungen konfrontiert werden. Es ist allgemein bekannt, dass Kinder in ruhigen, dunklen Zimmern besser einschlafen können als in hellen, lauten. Wenn das nicht hilft, sollte das Kind vielleicht fest und liebevoll gehalten werden, damit es sich durch Weinen Erleichterung verschaffen kann. Auf diese Tränen hin folgt dann eine tiefe Entspannung.

Wenn Kinder nicht alleine einschlafen

Ein weiteres verbreitetes Problem vor dem Einschlafen ist, dass das Kind weint, wenn man es alleine lässt, aber sofort aufhört, wenn Vater oder Mutter ins Zimmer kommen. In Teil II erläuterte ich, dass Babys beim Einschlafen und auch in der Nacht ein echtes Bedürfnis nach der körperlichen Anwesenheit eines anderen Menschen haben. Kinder über ein Jahr brauchen diese Nähe weiterhin, und manche Probleme beim Einschlafen können behoben werden, wenn man dieses Bedürfnis erfüllt. Wenn ein Kind weint, nachdem Vater oder Mutter aus dem Zimmer gegangen sind, kann das ein berechtigter Protest dagegen sein, zum Einschlafen allein gelassen zu werden.

Ich empfehle, so lange zur Schlafenszeit beim Kind zu bleiben, bis es in ein Alter kommt, in dem es diese Rückversicherung nicht mehr braucht. Wenn Sie Ihr Kind im Schoß halten oder sich neben es legen, bis es einschläft, sind das liebevolle und wirkungsvolle Wege, um ihm beim Übergang in den Schlaf zu helfen. Damit vermitteln Sie ihm Sicherheit und geben ihm außerdem die Möglichkeit, über die Aufregungen des Tages zu sprechen oder zu weinen.

Wenn Kinder älter werden, ist es eher möglich, sie zum Einschlafen allein zu lassen, vorausgesetzt, sie haben Gelegenheit, je nach Bedürfnis zu reden und sich von Gefühlen zu entlasten. Das Alter, in dem Kinder ohne die Anwesenheit von Erwachsenen einschlafen können, variiert beträchtlich und hängt vom Temperament des Kindes und seiner Lebenssituation ab. Kinder, die ein Zimmer mit Geschwistern teilen, schlafen wahrscheinlich eher ohne die Gegenwart von Erwachsenen ein. Kinder mit lebhafter Vorstellungskraft haben intensivere Ängste und brauchen die Nähe eines Erwachsenen vielleicht länger als andere gleichaltrige Kinder. Eltern, die ihr Kind bei sich schlafen lassen, fragen häufig, in welchem Alter sie es in sein eigenes Zimmer bringen können. Das muss jede Familie – auf der Grundlage der Bedürfnisse sämtlicher Beteiligten – individuell entscheiden. In Zeiten von Krankheit oder vermehrtem Stress hat das Kind wahrscheinlich nicht nur ein gesteigertes Bedürfnis zu weinen, sondern erlebt auch Rückschritte, was sein Alleinschlafen betrifft. Es ist normal für Menschen aller Altersstufen, die Nähe eng vertrauter Personen zu suchen, wenn sie sich belastet fühlen.[11] Bei extremem Stress tut selbst Teenagern in der Nacht die Nähe eines anderen Menschen gut. Anne Frank begann sich im Alter von 13 Jahren mit ihrer Familie in Amsterdam zu verstecken, um der Judenverfolgung der Nazis zu entkommen. Sie schrieb in ihr Tagebuch, dass sie ins Bett ihres Vaters kroch, wenn sie nachts Angst bekam.[12]

Wie helfen Sie Kindern bei der Heilung von bestimmten traumatischen Erlebnissen?

Manchmal beruht der Stress eines Kindes auf einem bestimmten traumatischen Ereignis, das uns bekannt ist. Kinder machen in ihrem Alltag viele solcher Erfahrungen. Manche davon sind nicht so schlimm. So kann zum Beispiel ein harmloser junger Hund an dem Kind hochspringen und ihm Angst machen. Andere Traumen sind schwerwiegender: Ein Kind muss ins Krankenhaus, oder im Nachbarhaus ist Feuer ausgebrochen. In Fällen wie diesen ist es gut, wenn Eltern und andere Bezugspersonen imstande sind, dem Kind bei der Bewältigung des traumatischen Erlebnisses zu helfen.

> Je früher Kinder ein traumatisches Ereignis durch Weinen verarbeiten, desto besser

Um spätere Probleme zu verhindern, ist es am besten, wenn die Erwachsenen dem Kind erlauben, unmittelbar nach dem traumatischen Ereignis so viel und lange wie nötig zu weinen. Nachdem 1989 in den Vereinigten Staaten an der Küste South Carolinas ein Hurrikan getobt hatte, wurden die Eltern von 278 kleinen Kindern, die in dieser Gegend lebten, sechs bis acht Wochen später befragt. Diese Eltern berichteten von vielen verschiedenen Symptomen ihrer Kinder, wozu auch gehörte, dass diese mehr weinten und mehr Wutanfälle hatten als vor dem Hurrikan.[13] Dieses vermehrte Weinen kann als Versuch dieser Kinder betrachtet werden, sich selbst zu heilen.

Wenn man Kinder daran hindert, auf diese Weise ein Trauma zu verarbeiten, oder wenn das Trauma sehr schwer war, können sie noch jahrelang Symptome der so genannten posttraumatischen Belastungsstörung zeigen. Diese Symptome umfassen Alpträume, nächtliches Aufwachen, bestimmte Ängste, Unruhe, Übererregtheit, Entwicklungsrückschritte, Konzentrations- und Lernschwierigkeiten sowie wiederkehrende quälende Gedanken (»Flashbacks«).[14]

Wenn möglich, sprechen Sie mit dem Kind über das schlimme Erlebnis

Eltern und andere Bezugspersonen können Kindern, welche an einem bestimmten Trauma leiden, eine große Hilfe sein (auch wenn ich im Falle eines schweren Traumas dringend zusätzliche, professionelle Hilfe empfehle). Oft bringen Kinder traumatische Erlebnisse spontan in ihr Spiel ein. Das ist ein Hinweis darauf, dass sie versuchen, sie zu verarbeiten. Manchmal jedoch vermeiden Kinder alles, was sie an das Trauma erinnert. In diesem Fall können die Erwachsenen dem Kind behutsam helfen, seine Aufmerksamkeit auf die traumatische Erfahrung zu richten, ohne das Kind zu überfordern. Manche Menschen hegen die falsche Vorstellung, es sei besser, Kinder von Gesprächen über traumatische Vorfälle abzuhalten, in der Hoffnung, dass sie diese dann bald vergessen. Aber durch das Vermeiden der Erinnerung an das schmerzliche Geschehen wird dem Kind nicht geholfen, es zu bewältigen. Der Heilungsprozess, der in diesem Buch beschrieben wird, erlaubt Kindern, den Stress-Entpannungs-Zyklus abzuschließen, der aufgrund mangelnder emotionaler Entlastung zur Zeit des Traumas zum Stillstand gekommen ist.

Die drei Grundprinzipien emotionaler Heilung werden im Kasten auf Seite 154 beschrieben.

Kleine Kinder bewältigen Stress und Traumen vor allem, indem sie weinen, während sie gehalten werden. Wie in den Teilen I und II bereits erwähnt, können Erwachsene Babys helfen, ihr Geburtstrauma zu verarbeiten, indem sie ihnen liebevoll und mit viel Unterstützung körperliche Hinweise auf den Geburtsprozess geben.

Die Heilung von emotionalen Träumen

- *Kinder müssen sich sicher und geliebt fühlen.* Sie brauchen eine vertrauensvolle Beziehung zu einem Menschen und müssen sicher sein, dass diese Person sie nicht verletzen oder verlassen wird. Körperliche Nähe und bewusste Aufmerksamkeit helfen Kindern, sich sicher zu fühlen.
- *Kinder müssen sich in einer sicheren Umgebung an das Trauma erinnern und es bis zu einem gewissen Grade noch einmal durchleben.*
- *Kinder werden spontan reden, lachen, sich am therapeutischen Spiel beteiligen, weinen, wüten, schwitzen oder sogar zittern, wenn das richtige Gleichgewicht zwischen emotionaler Sicherheit in der Gegenwart und der Rückerinnerung an den emotionalen Schmerz der Vergangenheit gegeben ist.* Diese wichtigen Heilungsprozesse sind am wirkungsvollsten, wenn sie von einem Menschen, der aufmerksam zuhört, akzeptiert werden.

Wenn die Kinder älter werden, nutzen sie zunehmend andere Stressbewältigungsmechanismen, vor allem Reden und Spielen, begleitet von Lachen. Erwachsene können diese Kinder ermutigen mitzuteilen, was geschehen ist, indem diese über ihre Erlebnisse sprechen oder sie im Spiel umsetzen. Das therapeutische Spiel wird durch entsprechende Spielsachen und unterstützende Aufmerksamkeit gefördert, wie ich es in den folgenden Beispielen beschreibe.

Wenn ein kleiner Junge von einem jungen Hund angesprungen wurde, besteht der erste Schritt darin – nachdem Sie sichergestellt haben, dass er körperlich wohlauf ist –, das Weinen des Kindes zu akzeptieren, ohne dass Sie versuchen, es davon abzuhalten. Wenn ihm erlaubt wird, zu diesem Zeitpunkt hemmungslos zu weinen, wird es das emotionale Trauma verarbeiten.

Wird der Junge jedoch vorschnell am Weinen gehindert, kann er chronische Angst vor Hunden entwickeln. Sie können ihm später dadurch helfen, diese Angst zu überwinden, indem Sie ihn die Szene mit einem Stoffhund nachspielen lassen oder das Kind auffordern, den Hund zu spielen, während Sie so tun, als hätten Sie Angst. Alles, was Lachen auslöst, wird dem Kind therapeutisch helfen, die noch bestehende Angst vor Hunden zu überwinden. Lachen heißt Angst loslassen und kann sehr hilfreich sein, wenn das Kind nicht genügend geweint hat.

Therapeutisches Spiel

Sie können einem Kind helfen, den Stress infolge eines Krankenhausaufenthaltes zu überwinden, indem Sie es mit einem Ärztekoffer spielen lassen. Wahrscheinlich wird es lachen, wenn es der Arzt sein darf, während Sie die Rolle der ängstlichen Patientin spielen. Um Ihrem Kind zu helfen, Spannung und Angst durch Lachen zu lösen, können Sie auch so tun, als wären Sie ein Arzt, der keine Ahnung hat und dumme Fehler macht. Sie können das Kind auch ermutigen, einer Puppe, die der Doktor ist, seinen Ärger zu zeigen oder zärtlich und liebevoll für eine kranke Puppe zu sorgen. Im Spiel können Kinder die Kontrolle über erschreckende oder verwirrende Erfahrungen gewinnen und auf diesem Wege neue Sichtweisen entwickeln.

Wenn sie eine traumatische Erfahrung gemacht haben, suchen Kinder manchmal irgendwelche Auslöser oder Vorwände, um heftig weinen zu können, zum Beispiel den zerbrochenen Keks ... Vielleicht stehen diese Anlässe aber auch im Zusammenhang mit dem ursprünglichen Trauma.

Ein Junge zum Beispiel, der sich aufgrund eines traumatischen Erlebnisses vor Hunden fürchtet, kann das Bellen eines Hunde als Anlass zum Weinen nehmen. Auf diese Weise wird er spontan so viel weinen, wie es für ihn nötig ist.

Ein Mädchen, das ins Krankenhaus musste, kann noch Wochen, nachdem sie nach Hause zurückkehrte, ungewöhnlich heftig über Kratzer und kleinere Verletzungen weinen. Wenn Sie daran denken, dass es diese kleineren Unfälle als Anlass benutzt, das größere Trauma des Krankenhausaufenthaltes zu verarbeiten, fällt es Ihnen leichter, das Kind bei diesen emotionalen Ausbrüchen zu unterstützen. Das Kind zeigt keine Überreaktion, sondern heilt sich selbst.

Manchmal hängt der Anlass, den ein Kind wählt, um zu weinen, aber auch nicht mit dem traumatischen Ereignis zusammen. Am folgenden Beispiel meiner Tochter wird das deutlich:

Eines Tages brach in unserer Stadt ein heftiger Brand aus, der über 300 Häuser zerstörte, aber nicht unseres. Am nächsten Tag fuhren wir herum, um uns den Schaden anzusehen. An dem Abend weigerte sich meine achtjährige Tochter, ihren Schlafanzug anzuziehen, weil sie sicher war, dass darin eine Spinne lauerte. Ich wendete den Schlafanzug, um ihr zu zeigen, dass da keine Spinne war, aber sie weinte eine Stunde lang heftig und sagte, sie habe »zu große Angst«, um den Schlafanzug anzuziehen. Schließlich zog sie ihn doch an. Ihre Angst vor Spinnen war nichts Neues, aber sie war noch nie so stark gewesen. Ich nehme an, sie hatte sich diese Idee von einer Spinne in ihrem Pyjama ausgedacht, um sich von ihrem Schrecken über das Feuer zu befreien.

Wenn Kinder sich sicher genug fühlen, können sie sich von den traumatischsten Erlebnissen heilen.

Teil IV

Praktische Anwendungen

Das Verhalten von Kindern interpretieren

Babys und Kinder, die verletzt wurden oder in sich Stress angesammelt haben, werden spontan versuchen, sich durch den Stressbewältigungsmechanismus des Weinens und Wütens zu heilen. Sie tun das jedoch nur, wenn sie sich geliebt und akzeptiert fühlen. Damit dieser natürliche Mechanismus funktionieren kann, ist das Gefühl von Sicherheit erforderlich. Waisenkinder in Institutionen mit zu wenig Personal oder in Flüchtlingslagern weinen meistens sehr wenig. Wenn diese Kinder dann von liebevollen Familien aufgenommen werden, haben sie regelmäßig Weinanfälle.

Wie in diesem Buch besprochen, unterbinden wohlmeinende Erwachsene diesen natürlichen Prozess des Weines oft, weil sie sich die heilenden Wirkungen des ungehinderten Weinens nicht bewusst machen. In den vorangegangenen Kapiteln wurde beschrieben, wie diese Unterdrückung des Weinens bei der Geburt beginnen und sich in den folgenden Jahren fortsetzen kann. Die Folge ist, dass viele Kinder nicht so viel weinen, wie sie es eigentlich brauchen.

Es gibt mehrere Verhaltensweisen, die darauf hinweisen, dass ein Kind nicht genügend geweint hat. Einige der offensichtlichen Reaktionen sind die angesprochenen Kontrollmuster. Das sind die zahlreichen verschiedenen Gewohnheiten, die Kinder entwickeln, um ihre Emotionen zu unterdrücken. Einige verbreitete Kontrollmuster bei Säuglingen und kleinen Kindern sind die häufige Forderung, durch Stillen getröstet zu werden (ohne dass sie Hunger haben), das Nuckeln am Daumen oder am Schnuller und das Festklammern

Wie zeigen Kinder, dass sie zu wenig geweint haben?

an bestimmten Dingen wie zum Beispiel einer Schmusedecke. Diese Verhaltensweisen werden überflüssig, sobald das Kind sich emotional ausreichend entlastet hat.

Andere mögliche Hinweise auf das Bedürfnis zu weinen sind unannehmbare Verhaltensweisen wie Schlagen oder Beißen, exzessives Klammern und Nörgeln und anstößiges Verhalten oder wiederholtes »Testen« (wobei das Kind absichtlich etwas Verbotenes tut). Auch Kinder, die hyperaktiv, leicht abzulenken oder übertrieben impulsiv sind, können an vermehrtem Stress leiden, den sie emotional nicht genügend verarbeitet haben.

Erwachsene betrachten diese verschiedenen Verhaltensweisen oft als Teil der angeborenen Persönlichkeit des Kindes: »Sie ist ein richtiger Klammeraffe«, oder: »Er hat die gleichen aggressiven Tendenzen wie sein Vater.« In den USA werden Symptome für Hyperaktivität, Impulsivität und leichte Ablenkbarkeit oft als Anzeichen für eine geistige Störung gesehen und können als »Aufmerksamkeitsdefizit-Hyperaktivitäts-Störung« (ADHD) diagnostiziert werden (siehe Teil I). Werden diese Verhaltensweisen als mögliche Anzeichen für Stress und Hinweis auf das Bedürfnis zu weinen oder zu wüten interpretiert, eröffnen sich neue Wege, diesen Kindern zu helfen.

Verhaltensweisen emotional gesunder Kinder

Kinder, denen von Geburt an erlaubt wurde, frei zu weinen (und die dabei liebevolle Aufmerksamkeit erfahren haben), sind höchstwahrscheinlich emotional gesünder als Kinder, deren Weinen wiederholt unterdrückt wurde. Emotional gesunde Kinder brauchen keinerlei Kontrollmuster. Sie lieben es zu schmusen und brauchen das Stillen (oder die Flasche) nur, wenn sie Hunger haben, nicht aber als Mittel, um vom Weinen abgehalten zu werden. Sie nuckeln nicht auffällig am Daumen oder am Schnuller und ihr Wohlbefinden hängt nicht von einer Decke oder einem Stofftier ab. Diese Kinder sind meistens glücklich und aufgeweckt, liebevoll und kooperativ. Sie können viel länger aufmerksam bei einer Sache bleiben, als für ihr Alter als normal gilt, und sind meistens neugierig und eifrig am Forschen und Lernen. Sie sind voller Ideen und Initiative und werden nie willentlich Menschen oder Dingen Schaden zufügen. Diese Kinder fühlen sich in ihrem Körper sehr wohl. Sie sind ohne Spannungen und gut koordiniert. Meistens schlafen sie sehr gut, brauchen aber nicht viel Schlaf.

Das Zusammenleben mit emotional gesunden Kindern ist jedoch auch nicht unbedingt einfach, denn sie sind weder passiv noch demütig. Im Gegenteil, sie wissen genau, was sie brauchen, und können sehr beharrlich auf die Erfüllung ihrer Bedürfnisse dringen. Darüber hinaus sind alle Kinder bis zum Alter von sieben, acht Jahren etwas egozentrisch, weil sie die Sichtweise anderer nicht so leicht verstehen können. Gesunde Kinder sind äußerst empfindsam und haben intensive Gefühle, sowohl positive als auch negative. Sie weinen und wüten, wenn sie es brauchen, weil sie verletzt wurden, Angst haben, frustriert sind oder einen anstrengenden Tag hatten. Nach dem Weinen sind sie wieder glücklich und wach.

Wenn ein Kind dieser Beschreibung emotionaler Gesundheit nicht entspricht, könnte es sein, dass es auf ständigen Stress oder eine Ansammlung von früherem, nicht bewältigten Stress reagiert. Ich empfehle in diesem Fall, sich folgende Fragen zu stellen:

1. Wie kann der Stress im Leben dieses Kindes verringert werden?
2. Wie können Sie eine Umgebung emotionaler Sicherheit schaffen, damit das Kind sich von seinen aufgestauten Gefühlen befreien kann?

Die zweite Frage ist Grundlage für den Erfolg dieser Methode und ich werde Sie im folgenden Kapitel zu beantworten versuchen.

Emotionale Sicherheit schaffen

Wenn Kinder Verhaltensweisen zeigen, die verdeutlichen, dass sie sich von schmerzlichen Gefühlen entlasten müssen, fragen Eltern und andere Erwachsene sich vielleicht, wie sie ihnen helfen können, sich sicher genug zu fühlen, um diese Gefühle auch auszudrücken. Im Folgenden

So schaffen Sie emotionale Sicherheit

- Schenken Sie Kindern viel körperliche Nähe.
- Schenken Sie Kindern Ihre ungeteilte Aufmerksamkeit.
- Hören Sie Kindern respektvoll zu, wenn sie sprechen.
- Bleiben Sie dem Kind nahe und schenken Sie ihm Ihre Aufmerksamkeit, wenn es weint oder wütet.
- Benutzen Sie keine autoritären Methoden der Disziplinierung.
- Geben Sie Kindern korrekte Informationen über das Weinen.
- Teilen Sie Ihre eigenen Gefühle und Bedürfnisse ehrlich mit.
- Gehen Sie verantwortungsbewusst mit Ihren eigenen starken Gefühlen um.

stelle ich einige Richtlinien vor, die Kindern helfen können, sich emotional zu öffnen und so zu weinen und zu wüten, wie sie es brauchen. Ich empfehle die gleichen Richtlinien für Kinder, die an einem schweren Trauma leiden (aber *nicht als Ersatz* für eine professionelle Therapie!).

Schenken Sie Kindern viel körperliche Nähe

Halten Sie Kinder häufig, lassen Sie sie auf Ihrem Schoß sitzen und schmusen Sie mit ihnen. Achten Sie auch dann darauf, ihnen körperliche Nähe zu schenken, wenn die Kinder nicht aufgebracht sind. Halten Sie mit Babys so viel Körperkontakt wie möglich: Tragen Sie sie tagsüber in einem Tragetuch mit sich herum und lassen Sie sie nachts in engem Körperkontakt bei sich schlafen.

Schenken Sie Kindern Ihre ungeteilte Aufmerksamkeit

Für das Schaffen von emotionaler Sicherheit ist es gut, eine bestimmte Art von ungeteilter Aufmerksamkeit aufzubringen. Kindern unter zwei Jahren schenkt man diese spezielle Aufmerksamkeit am besten immer, wenn sie sie fordern. Bei etwas älteren Kindern können Erwachsene, je nach eigenen Möglichkeiten, dafür eine bestimmte Zeit festlegen, wie zum Beispiel täglich nach dem Abendbrot eine halbe bis eine ganze Stunde. Die Richtlinien für diese »besonderen Zeiten« sehen wie folgt aus:

1. Widmen Sie Ihre volle Aufmerksamkeit jeweils nur einem Kind. Seien Sie ganz für das Kind da, begeben Sie sich auf seine Ebene und schenken Sie ihm Ihre ganze Aufmerksamkeit.

2. Erlauben Sie dem Kind, sich sämtliche Aktivitäten zu überlegen und zu entscheiden, wie es diese Zeit mit Ihnen verbringen möchte. Tun Sie – natürlich im Rahmen vernünftiger Sicherheitsaspekte – alles, was das Kind von Ihnen möchte. Selbst Babys werden hier Ideen entwickeln, wenn man es ihnen zugesteht.
3. Vermeiden Sie es, das Spiel nach Ihren eigenen Ideen zu lenken oder daraus eine Unterrichtssituation zu machen.

Diese Art von besonderer, nicht zielgerichteter Aufmerksamkeit schenkt dem Kind ein Gefühl von Sicherheit, das es ihm wiederum ermöglicht, schmerzliche Emotionen in einem spielerischen Rahmen hochkommen zu lassen und zu verarbeiten. Vielleicht beginnt das eine Kind, verstecken zu spielen, um seine Trennungsangst zu verarbeiten. Ein anderes möchte vielleicht gerne Doktor spielen, um Ängste vor Verletzung, Krankheit oder Tod zu überwinden.
Kinder wissen, was sie brauchen, um zu heilen, und werden sich dem mit Hilfe der wachen Aufmerksamkeit seitens des Erwachsenen spontan zuwenden.

Hören Sie Kindern respektvoll zu, wenn sie sprechen

Wenn Kinder sprechen, sollten Sie ebenso aufmerksam zuhören und höflich antworten wie bei Erwachsenen auch. Unterbrechen Sie das Kind nicht, und vermeiden Sie es, mit einer anderen Person über das Kind zu reden, wenn es sie hören kann.
Wenn Kinder über ihre Gefühle sprechen, sollten Sie diese bestätigen und akzeptieren, ganz gleich, wie diese Gefühle aussehen. Spiegeln Sie dem Kind seine Gefühle, um es wissen zu lassen, dass Sie es verstehen (»aktives Zuhören«). Erzählen Sie einem Kind niemals, es solle anders fühlen, als es fühlt, und widerstehen Sie dem Drang, seine Gefühle herun-

terzuspielen. Achten Sie besonders darauf, Ängste und Traurigkeit bei Jungen oder Ärger und Empörung bei Mädchen ernst zu nehmen. Vermeiden Sie es, »gute« Ratschläge zu geben oder das Thema zu wechseln.

Bleiben Sie dem Kind nahe und schenken Sie ihm Ihre Aufmerksamkeit, wenn es weint oder wütet

Sorgen Sie dafür, dass das Kind sich geliebt und akzeptiert fühlt, wann immer es weint. Bestätigen Sie seine schmerzlichen Gefühle. *Entziehen Sie einem weinenden oder wütenden Kind niemals Ihre Aufmerksamkeit und versuchen Sie auch nicht, es abzulenken oder in anderer Form zu entmutigen, selbst wenn das Kind scheinbar »überreagiert«.*

Benutzen Sie keine autoritären Methoden der Disziplinierung (keine Strafen oder Belohnungen)

Niemand kann sich in einer Beziehung emotional sicher fühlen, in der die Macht ungleich verteilt ist und das Verhalten durch Strafen und Belohnungen gesteuert wird. Das soll jedoch nicht heißen, dass Erwachsene zu nachgiebig sein sollen oder dem Kind alles erlauben. Die Rolle der Erwachsenen besteht nicht darin, Kinder durch Macht und Kontrolle zu disziplinieren, sondern ihre grundlegenden Bedürfnisse zu erfüllen sowie ihnen emotionale Sicherheit, Schutz, Information und Anleitung zu geben. (Vergleichen Sie dazu meine beiden Bücher *Warum Babys weinen* und *Wüten, toben, traurig sein.*[1] Außerdem empfehle ich Thomas Gordons Buch *Familienkonferenz.*)

Geben Sie Kindern korrekte Informationen über das Weinen

Zeigen Sie sich mitfühlend, wenn andere Kinder weinen. Erklären Sie, dass das weinende Kind sehr aufgebracht (traurig, ärgerlich, ängstlich etc.) ist und dass das Weinen oder Wüten ihm helfen wird, sich besser zu fühlen. Wichtig ist auch, falsche Informationen über weinende Kinder in Geschichten, Kinderreimen, Liedern sowie in Fernseh- oder Videofilmen zu berichtigen.

Teilen Sie Ihre eigenen Gefühle und Bedürfnisse ehrlich mit

Erwachsene können emotionale Sicherheit fördern, wenn sie ehrlich und offen mit ihren eigenen Gefühlen umgehen, statt unehrlich zu sein oder sich selbst aufzuopfern. Nützlich ist, wenn Sie lernen, »Ich-Botschaften« zu vermitteln statt »Du-Botschaften«.[2] Eine »Ich-Botschaft« drückt aus, wie Sie sich fühlen, ohne das Verhalten der anderen Person zu kritisieren, zu verurteilen oder Vorwürfe zu machen. »Du-Botschaften« enthalten dagegen Kritik am anderen (»Du bist unordentlich«, »Du bist gemein«, »Du bist egoistisch« usw.).

Verwenden Sie »Ich-Botschaften«

So können Sie zum Beispiel sagen: »Es regt mich auf, wenn dein Spielzeug hier im Wohnzimmer auf dem Fußboden herumliegt, weil ich Angst habe, ich könnte darüber stolpern.« Diese Äußerungen können durchaus heftig sein: »Ich *hasse* Krümel in meinem Bett!« Mit »Ich-Botschaften« helfen wir Kindern, die Ansichten anderer Menschen verstehen zu lernen. Die Konfliktbewältigung wird dadurch viel leichter, weil sie darüber informiert werden, welche Auswirkungen ihr Verhalten auf andere hat. »Ich-Botschaften« zeigen auch vorbildlich, wie wir offen mit unseren Gefühlen umgehen können. Ich habe die Erfahrung gemacht, dass meine Kinder, wenn ich daran denke, »Ich-Botschaften« zu benutzen, oft mit starken eigenen »Ich-Botschaften« antworten.

Gehen Sie verantwortungsbewusst mit Ihren eigenen starken Gefühlen um

Ein weinendes oder wütendes Kind kann bei Erwachsenen starke eigene Gefühle auslösen. Kinder haben eine erstaunliche Fähigkeit zu spüren, wer emotional für sie da ist und wer nicht. Ihre tiefsten Gefühle behalten sie den Menschen vor, bei denen sie sich am sichersten fühlen. Sollten Sie ärgerlich und ungeduldig werden, Angst bekommen, sich ohnmächtig oder peinlich berührt fühlen, wenn Kinder weinen, fühlen sie sich wahrscheinlich nicht sicher mit Ihnen. Im folgenden Kapitel erläutere ich, wie Sie mit den eigenen starken Gefühlen umgehen können, die durch ein weinendes Kind ausgelöst werden.

Der Umgang mit Ihren eigenen Gefühlen

Mir ist bewusst, dass die Empfehlungen in diesem Buch nicht leicht in die Tat umzusetzen sind, denn wenn Kinder weinen oder wüten, werden bei Erwachsenen oft eigene starke Gefühle ausgelöst. Diese Gefühle sind häufig ebenso intensiv wie unangenehm und reichen von leichtem Ärger bis zum gewalttätigen Impuls. Manche Erwachsenen

empfinden tiefe Sorge, Mitgefühl und sogar Kummer, wenn sie mit einem weinenden Kind zu tun haben. Andere fühlen sich ohnmächtig oder inkompetent.
Diese starken Emotionen haben ihren Ursprung oft in der Kindheit. Die meisten Menschen wurden als Kind vom Weinen abgehalten. Das bedeutet, die meisten Erwachsenen tragen viele eigene unbewältigte belastende und traumatische Erfahrungen mit sich herum. Wenn Sie ein Kind weinen hören, kann das die unbewusste Erinnerung an Ihren eigenen Kindheitsschmerz (Kummer, Ärger, Ängste, Eifersucht, Frustration etc.) auslösen. Außerdem kann die unbewusste Erinnerung an die Reaktionen Ihrer Eltern auf Ihr Weinen als Kind wach werden. Dieser Auslösemechanismus ist die Ursache dafür, dass Menschen sich unbehaglich, wenn nicht sogar ärgerlich fühlen, sobald ein Kind weint, so dass sie es entweder ignorieren oder auf das Weinen ebenso unangemessen reagieren, wie sie es selbst früher erlebt haben. Das ist verständlich, denn wir haben die natürliche Tendenz, unsere Rollenvorbilder zu imitieren, seien sie positiv oder negativ. Wir neigen stark dazu zu wiederholen, was wir selbst erlebt haben.

Gefühle, die ihren Ursprung in der Vergangenheit haben

Es ist möglich, mit Kindern anders umzugehen, als Sie selbst behandelt wurden, aber das erfordert eine bewusste Anstrengung und Verpflichtung. Wenn es Ihnen schwer fällt, weinende oder wütende Kinder zu akzeptieren, und Sie Ihre üblichen Reaktionsweisen gern verändern wollen, folgen hier einige Vorschläge.

Sprechen Sie über Ihre Gefühle und Ihre Kindheit

Wenn Eltern schmerzliche Kindheitserlebnisse unterdrückt haben, ist die Wahrscheinlichkeit größer, dass sie ihren eigenen Kindern den gleichen Schaden zufügen. Ein erster Schritt besteht also darin, sich bewusst zu machen, was in Ihrer eigenen Kindheit geschehen ist.

Suchen Sie sich jemanden, mit dem Sie reden können und der gut und mitfühlend zuhören kann. Manchen Menschen hilft es, Tagebuch zu schreiben. Beginnen Sie damit, sich bestimmte Situationen aus Ihrer Kindheit ins Gedächtnis zu rufen, in denen Sie geweint haben oder einen Wutanfall hatten. Beschreiben Sie, worüber Sie geweint haben, was Ihre Eltern taten und wie Sie sich damit gefühlt haben. Hilfreich und therapeutisch wirksam ist auch, festzuhalten, was Sie in dieser Situation wirklich gebraucht hätten. Wie hätten Ihre Eltern reagieren sollen? Haben Sie sich von Ihren Eltern allgemein akzeptiert und verstanden gefühlt? Konnten diese bestimmte starke Emotionen tolerieren, andere aber nicht?

Arbeiten Sie Ihre Vergangenheit auf

Wichtig ist auch, die Gefühle zum Ausdruck zu bringen, die Sie empfinden, wenn Ihr Kind weint. Es ist normal, dass Sie gelegentlich Ärger und Groll gegen Ihr Kind hegen. Solche Gefühle sind allgemein verbreitet. Sollten Ihre Eltern Sie geschlagen haben, wenn Sie weinten, werden Sie den Drang verspüren, Ihr Kind auf ähnliche Weise am Weinen zu hindern. Versuchen Sie alles, diesem Drang nicht nachzugeben. Aber schämen Sie sich nicht, darüber zu reden und die Vorstellung, Ihrem Kind etwas antun zu wollen, einem anderen Menschen mitzuteilen. Wenn Sie sich von Ihrem Ärger in einer unterstützenden, therapeutischen Umgebung in Abwesenheit Ihres Kindes entlasten können, ist die Wahrscheinlichkeit geringer, dass Sie diese Gefühle tatsächlich an ihm auslassen.

Wenn Sie Ihre Gefühle mit einem einfühlsamen Zuhörer erforschen, kann es sein, dass Ihnen Traumen aus Ihrer Kindheit bewusst werden, die mit dem Weinen nicht direkt zusammenhängen. Manche Eltern haben Angst, ihre Kinder zu missbrauchen, weil sie selbst als Kind missbraucht wurden, also ignorieren sie ihre eigenen Kinder lieber, wenn diese weinen. Andere haben Angst, zu leichtfertig »nachzugeben«, weil sie selbst als Kinder nur sehr wenig Kontrolle über ihr eigenes Leben hatten. Vielleicht erinnert Ihr Baby Sie an ein jüngeres Geschwister, das sehr viel geweint hat und Ihnen die Aufmerksamkeit Ihrer Mutter stahl. Es ist wichtig, dass Sie sämtliche Gefühle zum Ausdruck bringen, die durch das Weinen Ihres Kindes ausgelöst werden. Hilfreich ist, mit einem Partner zusammen die Fragen im folgenden Kasten abwechselnd zu beantworten.

Versuchen Sie wieder weinen zu lernen

Therapeuten haben festgestellt, dass das Reden über die eigene Kindheit nicht immer reicht, um das elterliche Verhalten positiv zu verändern. Es ist notwendig, die unterdrückten Gefühle wie Ärger und Kummer zu erinnern und noch einmal zu durchleben. Mütter, die ihre Babys missbraucht und vernachlässigt haben, konnten erst dann liebevoll auf sie eingehen, nachdem sie selbst angefangen hatten, ihren aufgestauten Kummer und Ärger über die eigene Vernachlässigung und den Missbrauch in ihrer Kindheit zum Ausdruck zu bringen.[3] Haben Sie also keine Angst, um Ihre eigenen unerfüllten Bedürfnisse als Kind zu trauern.

Übung: Bewusste Selbstwahrnehmung beim Weinen

Die folgenden Fragen sind am wirkungsvollsten, wenn sie laut beantwortet werden, und zwar einem mitfühlenden Zuhörer, der weder urteilt noch Ratschläge gibt.

- Was haben Ihre Eltern getan, wenn Sie als Kind weinten oder einen Wutanfall bekamen? Versuchen Sie sich an bestimmte Erlebnisse zu erinnern. Wurden Sie bestraft, ermahnt, geärgert, ignoriert, beruhigt oder abgelenkt? Wenn ja, wie ging das vor sich? Wie haben Sie sich dabei gefühlt? Wie hätten Ihre Eltern stattdessen reagieren sollen?
- Wie fühlen Sie sich, wenn Ihr Kind weint oder wütet und Sie nicht gleich einen Grund dafür finden? Versuchen Sie sich an eine bestimmte Situation zu erinnern.
- Erinnert Ihr Kind Sie an jemanden, wenn es weint? An wen (einen jüngeren Bruder, eine schutzbedürftige Mutter, Sie selbst als Kind etc.)? Wie beeinflusst diese Erinnerung Ihre Reaktionen auf das Weinen Ihres Kindes?
- Wie fühlen Sie sich, wenn Ihr Kind in Gegenwart anderer Menschen weint? Hat jemand zum Weinen oder Nicht-Weinen Ihres Kindes Kommentare abgegeben? (»Was für ein braves Baby!« »Das ist ja ein richtiger Schreihals!« »Sie ist immer so gut gelaunt.«) Was empfanden Sie dabei?
- Haben Sie als Kind jemals einen Erwachsenen weinen sehen? Unter welchen Umständen? Was haben Sie dabei empfunden?
- Haben Sie jemals aus vollem Herzen geweint und sich hinterher besser gefühlt? Erinnern Sie sich an eine bestimmte Situation. Hat Ihnen jemals ein anderer Mensch unterstützend zugehört, während Sie weinten? Wie hat sich das angefühlt?

Suchen Sie sich einen Freund oder Therapeuten, bei dem Sie weinen können. Suchen Sie sich eine Selbsthilfegruppe, in der das Weinen akzeptiert wird. Oder weinen Sie allein, wenn Ihnen das gut tut. Eine Frau aus einem meiner Workshops erzählte, dass sie sich ein trauriges Video anschaut, wenn sie weinen muss, und sich dabei durch hemmungsloses Weinen Erleichterung verschafft.

Darf ich in Gegenwart meines Kindes weinen?

Eltern fragen sich oft, ob es schädlich für ihr Kind ist, wenn sie in seiner Gegenwart weinen oder ihre Wut herauslassen. Im Allgemeinen rate ich Ihnen, sich die Entladung von starken Gefühlen für Zeiten aufzuheben, in denen Sie nicht mit Ihrem Kind zusammen sind. Manche Kinder verunsichert es sehr stark, wenn ihre Eltern weinen.

Ich denke jedoch auch, dass das Weinen vor Kindern wohltuend sein kann, weil es ein gutes Rollenvorbild für das Entladen von Gefühlen bietet, vorausgesetzt, Sie versichern Ihren Kindern Folgendes:

1. Sie »zerfließen« nicht völlig, sondern können sich Ihren Kindern immer noch zuwenden und sich um sie kümmern.
2. Ihre Kinder sind nicht der Grund für Ihre schmerzlichen Gefühle.
3. Sie erwarten von Ihren Kindern nicht, dass sie Ihnen Ratschläge geben und sich um Sie kümmern. Kindern sollten niemals für die Gefühle von Erwachsenen verantwortlich gemacht und auch nicht als Therapeuten missbraucht werden.

Manche Eltern weinen mit ihren Kindern zusammen. Das ist so lange in Ordnung, wie sie sich an die obigen Richtlinien halten. Seien Sie besonders vorsichtig mit dem Ausdruck von Ärger. Viele Erwachsene wissen nicht, wie Sie Ärger angemessen äußern können. *Man sollte ein Kind niemals anbrüllen und anschreien.* Wenn Sie den Drang zu schreien verspüren, tun Sie das am besten außer Hörweite Ihrer Kinder und dämpfen Sie Ihre Schreie mit einem Kissen.

Holen Sie sich Hilfe und Unterstützung, wenn nötig, und erfüllen Sie Ihre eigenen Bedürfnisse

Wenn Sie überfordert oder erschöpft sind und kaum Zeit für sich selbst haben, fällt es Ihnen besonders schwer, das Weinen Ihrer Kinder zu tolerieren. Schauen Sie, wie Sie Ihre eigenen Bedürfnisse erfüllen können. Manche Mütter denken, sie müssten sämtliche eigenen Bedürfnisse der Familie unterordnen. Das wird der Familie, zumindest auf lange Sicht betrachtet, nicht gut tun und unweigerlich zu Gefühlen von Frustration und Ärger führen. Sie haben voll und ganz das Recht, um die Hilfe zu bitten, die Sie brauchen.

Wenn Sie feststellen, dass Sie Ihrem Kind Schaden zufügen, brauchen Sie sofort Hilfe. Zögern Sie nicht, eine Beratung aufzusuchen oder sich einer Selbsthilfegruppe anzuschließen. Sie müssen sich dafür überhaupt nicht schämen. Es kann eine große Hilfe sein, sich mit anderen Eltern auszutauschen, die ebenfalls versuchen, mit den Auswirkungen ihrer möglicherweise gewalttätigen Kindheit und dem Stress des Elterndaseins zurechtzukommen.

Abschließend lässt sich sagen, dass Kinder keine perfekten Eltern brauchen, aber Eltern, die dem Weg der Selbstentdeckung und der eigenen Heilung folgen und die ihre Fehler erkennen und wieder gutmachen können. Kinder schenken uns die einzigartige und wunderbare Gelegenheit, uns selbst besser zu verstehen und von den Schmerzen unserer eigenen Kindheit zu heilen.

Eltern teilen ihre Erfahrungen mit

Ich habe hunderte von Briefen von Eltern bekommen, die eines meiner früheren Bücher oder beide gelesen haben. In diesem Kapitel zitiere ich Abschnitte aus einigen dieser Briefe, die zeigen, wie mein Ansatz praktisch angewendet werden kann. Viele dieser Eltern beschrieben, was sie empfanden – positiv als auch negativ –, als sie anfingen, die Gefühle ihrer Kinder zu akzeptieren. (Sämtliche Namen wurden dabei geändert, um die Identität der Schreibenden zu schützen.)

Eltern lernen sich zu entspannen, wenn ihr Baby schreit

Ich las Ihr Buch *Warum Babys weinen* zum ersten Mal vor Jahren (als ich noch keine Kinder hatte) mit ziemlich gemischten Gefühlen. Jetzt bin ich selbst Mutter und verstehe besser, worum es Ihnen geht.
Eines Abends, als unsere Johanna drei Wochen alt war, störte es meinen Mann, dass ich so viel Hektik verbreitete, während ich versuchte, das Kind vom Weinen abzuhalten: Ich schaukelte sie, lief mit ihr herum etc. Ich erinnerte mich an Ihre Theorie, und obwohl ich immer noch skeptisch war, beschlossen wir es zu versuchen. Ich habe inzwischen vergessen, wie lange sie beim allerersten Mal, als wir sie hielten, geweint hat, vielleicht eine halbe Stunde. Ich weiß nur noch, dass sie anfangs ein rotes Gesicht und eine laute Stimme hatte und dann eine normale Gesichtsfarbe bekam und ganz entspannt wurde. Sie schlief in jener Nacht länger durch als

jede Nacht zuvor (fünf, sechs Stunden, glaube ich) und war am nächsten Tag total gut gelaunt.
Mit Hilfe anderer Menschen und der erneuten Lektüre von *Warum Babys weinen* vor ein, zwei Monaten geht es uns immer besser mit Johannas Weinen. Es gab Zeiten, in denen sie überhaupt nicht viel weinen musste, vielleicht einmal die Woche. Zu anderen Zeiten weinte sie dann häufiger. Meistens ist sie unter Menschen ziemlich ruhig und wohlerzogen, nur zu Hause »legt sie richtig los«.
Wenn die Leute mehr über sie sagen als lediglich, wie groß oder schön sie sei, heißt es oft, sie sei für ihr Alter sehr lebendig und wach (gerade gestern ist sie vier Monate alt geworden). Das erinnert mich natürlich an Ihre Theorie.
Weder Jürgen noch ich stören uns besonders daran, wenn sie weint. Wenn überhaupt, dann beunruhigt mich ein wenig, wie wenig beunruhigt ich bin! Der schwierigste Teil war für mich, mich mit Ihrer Theorie über das Stillen anzufreunden. Eine Zeit lang habe ich Johanna *sehr häufig* gestillt, sie nahm schnell zu, und ich fragte mich ständig, ob ich sie zu oft stillte. Zu meiner Erleichterung will sie jetzt nicht mehr so oft an die Brust. Ich überprüfe immer noch, ob sie gestillt werden will, bevor ich zu dem Schluss komme, dass sie weinen muss, obwohl es jetzt leichter ist, den Unterschied festzustellen.

Ein friedliches Baby beginnt seinen Ärger zu zeigen

Ich habe Ihr Buch *Warum Babys weinen* gelesen, als mein Sohn zwei Monate alt war. Er hat nie richtig geweint, war aber quengelig und ein unruhiger Schläfer. Er wollte auch ständig an die Brust, vor allem nach anstrengenden Erlebnissen wie Besuchen bei fremden Leuten, Ferien usw. Manchmal schien es, als hinge er zwei Tage Tag und Nacht nur an der Brust. Ich stillte ihn eher, um ihn zu »trösten«, als um ihn zu füttern. Aber er war überhaupt nicht getröstet. Er galt als sanftes, friedliches Baby. Er hing nur ständig an der Brust. Alle Welt sagte mir, was für ein »gutes« Kind er sei.

Das beschäftigte mich also, als ich Ihr Buch las. Ich fragte mich, ob er nicht in gewisser Weise ein wenig zu friedlich sei. Ich hatte das Gefühl, dass Sie Recht hatten. Er musste einfach mal weinen. Ich musste ihn wissen lassen, dass es in Ordnung war zu weinen. Zuerst war das alles etwas verrückt. Ich bin mir unsicher mit alledem, weil ich keine Mutter kenne, die es genauso macht. Alle meine Freundinnen »trösten« ihre Babys mit der Brust oder unterhalten sie, damit sie zu weinen aufhören. Und viele Frauen, die ich kenne, lassen ihr Baby auch im Nebenzimmer, damit es sich ausweint. Das finde ich nun wirklich furchtbar. Und ich würde nun also mit meinem Kind weinen. Ich hatte das Gefühl, was auch immer ich tat, wäre nicht richtig. Eine Zeit lang war ich ziemlich verzweifelt.

Seit etwa drei Wochen lasse ich ihn in meinen Armen weinen, und er schläft tiefer und will so selten an die Brust, dass ich mir manchmal schon Sorgen mache. Aber er sieht einfach prächtig aus. Anfangs nahm er seinen Daumen als Ersatz für meine Brustwarze, um sich vom Weinen abzuhalten, aber das tut er jetzt auch weniger. Ich bin glücklich darüber, dass er seinen Gefühlen Luft macht. Ich bin in dem Gefühl aufgewachsen, ein »böses« Kind zu sein, weil ich Wutanfälle bekam und herumtobte. Man brachte mir auch schon in jungen Jahren bei, dass Ärger sich gegen die Liebe richte. Ich lerne jetzt um. Ich möchte hören, ob mein Sohn wütend auf mich ist (oder traurig oder was auch immer). Auch er ist ein Mensch. Ich bin stark genug, damit umzugehen, und liebe ihn trotzdem.

Eine andere Sache ist, dass bei mir sehr viel Schmerz aus der Kindheit hochgekommen ist, als ich meinen Sohn weinen hörte. Ich denke, das ist eine gute Reinigung. Wenn ich meine Situation mit der meines Sohnes vergleiche, habe ich das Gefühl, mir wurde etwas vorenthalten. Wenn ich ihm erlaube zu weinen und ihn dabei weiter lieb habe, weine ich, weil ich mich daran erinnere, wie traurig ich darüber war, dass meine Mutter mich nicht bedingungslos geliebt hat. Sie erfüllte meine Bedürfnisse nicht so wie ich die von Martin. Sie erkannte meine Gefühle nicht an. Es ist gut, mein Kind als kleine Person mit allen möglichen wunderbaren Gefühlen zu betrachten und die Schönheit wahrzunehmen, die darin liegt, dass ich sowohl an seinem Schmerz als auch an seiner Freude teilhabe.

Eltern, die glaubten, sie hätten das »ideale« Baby

Wir lasen Ihr Buch vor etwa einem Monat, als unser Baby, Philipp, acht Wochen alt war. Ihre Ideen fanden wir aufregend, weil sie mit anderen Methoden der Persönlichkeitsentwicklung übereinstimmten, die wir schon kannten. Da wir bereits von Freuds Entdeckung überzeugt sind, dass wir, um heilen zu können, wieder mit unseren Affekten in Kontakt kommen müssen, und dies wiederholt bei Erfahrungen mit Rebirthing (nach der Methode von Stanislav Grof) erlebt hatten, beschlossen wir, Ihre Vorschläge auszuprobieren.
Wir glaubten, Philipp sei das »ideale« Baby: friedlich, offensichtlich zufrieden und täglich eine Zeit lang glücklich mit sich selbst auf einem Lammfell spielend. Auch wenn er nach einer Kaiserschnittgeburt in der 39. Woche nur sehr wenig wog (ich bekam plötzlich eine akute Blutvergiftung und die Plazenta arbeitete nicht mehr richtig), nahm er vom ersten Tag an zu und hatte nach acht Wochen normales Gewicht. Zu der Zeit hatte er nach unserer Schätzung insgesamt vielleicht zehn Stunden geweint.
Wir hatten das seinem friedlichen Wesen und unserem entspannten Umgang mit unserer Elternrolle zugeschrieben. Philipp wollte jedoch am späten Nachmittag und frühen

Abend fast alle ein, zwei Stunden gefüttert werden. Nachdem ich Ihr Buch gelesen hatte, gab ich ihm also in solchen Situationen nicht mehr die Brust, sondern hielt ihn und schenkte ihm meine ganze liebevolle Aufmerksamkeit – aber keine Milch. Nach etwa 10 Sekunden brach er hemmungslos in Tränen aus und weinte etwa 20 Minuten herzzerreißend, wobei er seine Augen vertrauensvoll auf mich richtete, wann immer sie offen waren. Danach schlief er ein, war nach dem Aufwachen sehr lebendig und zufrieden und spielte eine Stunde lang alleine auf einer Decke, dabei strahlte er sehr viel Ruhe aus. Seitdem hat er täglich zwischen fünf und 90 Minuten geweint. Anschließend ist er immer ruhig, wach und lächelt viel.

Interessant an seinem Weinen ist, was wir bereits bei Menschen beobachtet haben, die in Rebirthing-Sitzungen Traurigkeit oder Ärger erleben. Es scheint, dass er ein paar Minuten, nachdem er zu weinen angefangen hat, von einer oberflächlicheren Ebene (bei der es vielleicht um ein bestimmtes Thema geht) auf eine tiefere Ebene gelangt, die einen existenziellen Kummer zu berühren scheint. Die Ruhe, die auf dieses tiefe Weinen folgt, fühlt sich ähnlich an wie die wunderbaren transpersonalen, spirituellen Erfahrungen, die wir beim Rebirthing und in der Meditation machen.

Wir glauben, dass es viele Zusammenhänge zwischen Ihrer Arbeit und den Aspekten der transpersonalen Bewegung gibt. Uns scheint, dass die Ideen in *Warum Babys weinen* Kindern die Möglichkeit schenken, ohne die psychischen Wunden aufzuwachsen, mit denen die meisten von uns sich auseinander setzen müssen, bevor wir die Früchte des Individuationsprozesses oder der spirituellen Entwicklung genießen können. Wir danken Ihnen auch dafür, dass wir uns ganz befreit fühlen, weil wir jetzt wissen, dass die Verletzungen, die wir Philipp unbeabsichtigt zugefügt haben, aufgelöst werden können, ohne bleibende Schäden zu hinterlassen.

Ein Vater erkennt, dass er sich seinem Kind gegenüber schlecht verhalten hat

Ich wünschte, ich hätte *Warum Babys weinen* gelesen, bevor meine Tochter geboren wurde. Mir war nicht klar, dass ich mein Baby, wenn es weinte, ständig ablenkte, indem ich es wiegte und ihm etwas vorsang. Bei bestimmten Stellen Ihres Buches habe ich heftig geweint. Die Situationen, in denen ich meine Tochter einfach nicht vom Weinen abbringen konnte, waren sowohl für sie als auch für mich sehr belastend. Ich fühlte mich so hilflos zu einer Zeit, wo ich das Gefühl hatte, beweisen zu müssen, dass ich ein guter Vater war (vor allem der Mutter meiner Tochter). Ich wünschte, jemand hätte mir gesagt, wie wichtig es tatsächlich war, dass meine Tochter ungehindert weinte. In zwei Situationen schüttelte ich sie vor Ärger und Frustration über ihr Weinen so heftig, dass sie dabei (wie ich später herausfand) hätte sterben können.

Eine Mutter war auf dem Weg, ihr Kind zu missbrauchen

Endlich komme ich dazu, Ihnen zu schreiben. Ich wollte das schon vor neun Monaten tun, als ich auf Ihr Buch *Warum Babys weinen* stieß. Ihr Buch hat unser Leben gerettet. Ich glaube wirklich, ohne es hätte ich angefangen, meinem Kind etwas anzutun. Meine Tochter Sandra war erst zehn Wochen alt, aber da ich selbst aus einer gestörten Familie stamme, in der es Missbrauch gab, war ich total am Schwimmen und fand keine Antworten, die für uns funktionierten. Nachdem ich Ihr Buch gelesen habe, habe ich jetzt eine glückliche elf Monate alte Tochter, die ich verstehe und vergöttere. Danke! Ich kann gar nicht mit Worten ausdrücken, wie sehr Ihre Bücher mein Leben sowie das meiner Tochter und meines Mannes für immer bereichert haben.

Ein weinendes Baby bringt seine Mutter auf den spirituellen Weg

Ich möchte Ihnen schreiben, um Ihnen einige der Erfahrungen mitzuteilen, die ich mit meiner sieben Monate alten Tochter Lisa gemacht habe, und vor allem, um Ihnen für Ihr Buch *Warum Babys weinen* zu danken, das ich in die Hände bekam, als Lisa gerade sechs Wochen alt war.

Zu der Zeit begann sie Weinanfälle zu bekommen. Ich verstand das nicht und wurde allmählich ganz verzweifelt. Vielleicht weinte sie zum Teil deswegen, weil sie Blähungen hatte. Ich setzte die Milchprodukte ab, und das verkrampfte, schmerzliche Weinen verschwand praktisch völlig. Andererseits bot ich dem Baby damals, als ich Ihr Buch las, jedes Mal, wenn es weinte oder einschlafen sollte, die Brust. Tagsüber trank sie unregelmäßig und doch fast stündlich, und mir begann aufzufallen, dass sie dabei völlig »weggetreten« war.

Die erste Woche, als ich sie ermunterte zu weinen, war wirklich hart. In den ersten drei Tagen weinte sie fast ununterbrochen, und meine Familie hielt sich die Ohren zu und versuchte sich nicht einzumischen. Gerade als ich dabei war, die Nerven zu verlieren, begann meine Familie mich zu unterstützen. Jetzt bin ich die stolze Mama eines sieben Monate alten Babys, von dem alle sagen, es sei besonders aufgeweckt.

Meine Erfahrungen mit Lisa haben mich auf den spirituellen Weg gebracht, und ich sehe Ihre Ideen überall bestätigt. Ich bin so aufgeregt über all das, ich finde es großartig. Und ich habe das Gefühl, dass Sie am Wendepunkt einer Revolution stehen, die einen Wandel zum Besseren einleitet. Meine vorsichtige, konservative Seite fragt sich jedoch, wohin uns das alles bringen wird. Während ich das schreibe, kommt mir der Gedanke, dass diese Zweifel vielleicht im Zusammenhang mit meinem Zögern stehen, selbst zu weinen.

Meine Tochter ist so wach und glücklich. Ich bin so stolz auf sie und denke, sie wird zu einer beeindruckenden Frau heranwachsen. Da sie nicht so viele frühere Verletzungen mit sich herumtragen wird, wird sie vielleicht immer in Kontakt mit der Person sein, die sie jetzt ist: nahe an dem, was sich auf der anderen Seite der Existenz befindet, was immer das sein mag, frisch und intelligent.

Ein zehn Monate alter Junge schläft durch

Ihr Buch *Warum Babys weinen* kam genau zur richtigen Zeit ins Haus. Ich stillte meinen Jungen ständig und war als Person für ihn ein ziemlich starkes Kontrollmuster. Nachdem ich letzte Woche zwei Kapitel gelesen hatte, setzte ich Ihre Vorschläge sofort in die Tat um. Richard nutzte die Gelegenheit zu weinen und schlief anschließend zum ersten Mal überhaupt die Nacht durch! (Er ist zehn Monate alt.) Am nächsten Tag weinte er wieder herzzerreißend und schlief dann zweieinhalb Stunden in seinem Bettchen! Bemerkenswert ist, dass er es gewohnt war, in meinen Armen zu schlafen und immer zu weinen, wenn er in sein Bettchen oder unser Bett gelegt wurde. Er schlief nur, wenn ich ihn hielt.
Ich lerne ihn jetzt viel besser und genauer kennen. Unsere Beziehung hat sich wirklich vertieft, seit wir diese Zeit des Weinens miteinander verbringen. Ich bin so »verliebt« in ihn! Ich spüre, dass sein Weinen jetzt sehr viel klarer ist und er sich mir gegenüber mehr ausdrückt und mitteilt. Er weiß, dass ich seine Gefühle wirklich verstehe und akzeptiere, also ist er auch viel offener.
Mein Mann und ich haben sehr viel Ehestress. Ich habe mich an andere gewendet, um mich von meinem Schmerz und meinen Verletzungen zu heilen. Zwischen den Therapiesitzungen spreche ich weiter mit mir und lasse die Tränen fließen.

Mein Mann hat so viel verdrängten Schmerz in sich, dass er es absolut nicht tolerieren kann, wenn jemand weint. Er weigert sich, an den von Ihnen vorgeschlagenen Übungen teilzunehmen, und verbannt das Baby und mich ins Nebenzimmer, wenn wir weinen. Das ist für mich sehr schwer, aber ich versuche damit zurechtzukommen, denn er ist trotz allem ein sehr liebevoller, freundlicher, großzügiger und zuvorkommender Mann.

Ein aggressiver zehn Monate alter Junge beginnt sich zu entspannen

Ich habe einen zehn Monate alten Jungen, der bis vor einer Woche sehr unglücklich zu sein schien und trotzdem nicht viel weinte. Von Geburt an ist er ein sehr aktives, starkes Kind, das sich viel windet und dreht und um sich tritt. Ich interpretierte diese Aktivität erst als Wunsch, nicht gehalten zu werden, vor allem, da er immer zu weinen aufhörte, wenn ich ihn hinlegte. Er wuchs sehr schnell zu einem kräftigen Kind heran und schien sich wunderbar zu entwickeln, nur dass er nicht gehalten werden wollte und ständig quengelte, ohne dass ich ihn trösten konnte. Er begann auch mich zu beißen und heftig an meinen Haaren zu ziehen. Ich versuchte ihn so zu akzeptieren, wie er war, empfand aber trotzdem Kummer und Ärger, weil er mich abzulehnen schien.
Dann stieß ich auf Ihr Buch *Warum Babys weinen*. Ich nahm ihm sofort den Schnuller weg und begann ihn zu halten, wenn er weinte. Es war (und ist immer noch) emotional sehr schmerzlich, ihn zu halten, weil er alles versucht, sich tretend aus meinen Armen zu winden. Aber er weint jetzt und schaut mir in die Augen, und sein Körper entspannt sich allmählich. Ich kann Ihnen gar nicht sagen, welche Freude ich empfinde, ihn nach dem Weinen zu halten. Er ist jetzt, wie Sie beschreiben, viel entspannter und glücklicher. Es ist, als hätte ich nach zehn Monaten endlich doch eine echte Beziehung zu meinem Baby.

Ein einjähriges Mädchen beginnt zu schmusen

Bevor ich *Warum Babys weinen* las, steckte ich in einem Dilemma: Wie sollte ich mit einem weinenden Baby umgehen, das offensichtlich nicht unter Schmerzen litt oder Hunger hatte? Soll eine Mutter ihr Baby stillen oder es sich ausweinen lassen? Ich fühlte mich nicht wohl dabei, mein Baby in seinem Bettchen weinen zu lassen, also versuchte ich es durch Stillen zu trösten. Im Alter von einem Jahr war meine Tochter wirklich ein süßes, »gutes« Baby, aber sie wollte ständig gestillt werden und hatte Übergewicht. Und ich war eine gereizte, ärgerliche, frustrierte Mutter mit völlig wunden Brustwarzen. Ich hatte Angst vor dem Stillen, weil meine Tochter ständig danach verlangte, sich dann aber wand, bog, kratzte und schrie. Ich hasste es auch, sie zu Bett zu bringen. Und ich hasste es, sie in ihrem Bettchen liegen zu lassen, damit sie sich »ausweinte«. Aber ich fand einfach keine Alternative. Wenn sie weinte, versuchte ich sie zu stillen, sie abzulenken oder zu trösten. Wenn mir das misslang und sie schrie, war ich frustriert und voller Wut. Mein Rücken machte nicht mehr mit, und ich bekam Arthritis in den Händen. Die Situation wurde so schlimm, dass ich begann sie anzuschreien: »Sei endlich still!« Als sich unsere Beziehung verschlechterte, suchte ich Hilfe bei unserer örtlichen Erziehungsberatungsstelle. Dort half man mir, mit meiner eigenen Wut und mit meinen eigenen Gefühlen von Unzulänglichkeit zurechtzukommen. Aber ich fand niemals heraus, *warum* ihr Weinen mich dermaßen ärgerte. Ich lernte mit ihrem »schlechten Benehmen« umzugehen, aber die unterschwelligen Gründe dafür fand ich erst heraus, als ich *Warum Babys weinen* las.

Ich hatte ihr Weinen einfach nicht verstanden. Ich dachte, sie wolle mir sagen: »Mutter, *tu etwas*!« Tatsächlich aber versuchte sie sich zu heilen. Ich hatte nicht länger das Gefühl, etwas »tun« zu müssen (was vorher, wenn es nichts bewirkte, dazu geführt hatte, dass ich mich als Versagerin fühlte). Ich konnte mich einfach hinsetzen und sie »aktiv weinen lassen«. Ich musste sie nicht mehr in ihrem Bettchen ablegen und schreien lassen. Jedes Mal, wenn sie jetzt quengelte oder sich »schlecht benahm«, konnte ich sie ruhig in ihr Zimmer bringen und sie einfach halten. Ich konnte meine Füße hochlegen und selbst eine Pause machen. Es ist sehr schwer, ein schreiendes, tobendes Kind zu halten, das sich windet. Aber nach etwa 40 Minuten beginnt sie sich im Zimmer umzuschauen, mit meinen Haaren zu spielen und ist ein anderer Mensch. Manchmal schläft sie in meinen Armen friedlich ein oder steigt von meinem Schoß, um stundenlang glücklich zu spielen.

Sie ist jetzt wie verwandelt. Sie schmust gern. (Früher hat sie niemals zugelassen, dass ich sie halte, selbst als Säugling nicht. Ich bekam nie das positive Feedback, das ich brauche, um zu wissen, ob ich es als Mutter richtig mache.) Jetzt will sie nur ein paar Mal am Tag an die Brust (manchmal muss ich sie richtig auffordern, damit sie etwas trinkt). Ich habe keine Angst mehr vor den langen Abendstunden vor der Schlafenszeit. Sie spielt jetzt glücklich bis etwa neun Uhr abends und kuschelt sich dann mit mir ins Bett, bis sie einschläft.

Ich bin jetzt eine ganz andere Mutter. Ich begreife das tief gehende Bedürfnis, das wir alle haben, und habe das Gefühl, meiner Tochter zu helfen, ein glücklicher und gesunder Mensch zu werden. Ich danke Ihnen, Dr. Solter.

Ein zweijähriger Junge wütet und schläft durch

Vielen Dank für Ihre beiden Bücher *Warum Babys weinen* und *Wüten, toben, traurig sein*. Sie haben mir sehr geholfen zu verstehen, was zwischen mir und meinem Kind passiert.

Nach der Lektüre Ihrer Bücher war ich sicher, dass ich mein Baby in den letzten beiden Jahren zu häufig gestillt hatte. Er war ein sehr molliges Baby mit vielen Fettpölsterchen. Die Leute pflegten mich immer darauf anzusprechen, dass er zu dick sei und ständig eine Brust im Munde habe. Ich hatte das Gefühl, all seine Bedürfnisse zu erfüllen, indem ich ihn jedes Mal stillte, wenn er es verlangte. Ich wusste, dass Robert nicht immer hungrig war, aber vielleicht brauchte er einfach die Sicherheit, und es war meine Aufgabe als Mutter, sie ihm zu geben. Ich wollte auch wieder gutmachen, dass ich als Baby nicht gestillt worden war und mich alleine hatte ausweinen müssen. Robert hat immer bei uns geschlafen und ist zum Einschlafen gestillt worden. Im letzten Jahr ist er nachts etwa alle zwei bis vier Stunden wach geworden.

Als ich also durch das Lesen erkannte, dass er das Stillen als Kontrollmuster benutzt, beschloss ich, ihn als ersten Schritt zum Einschlafen nicht mehr zu stillen. Bei meinem ersten Versuch hielt ich ihn etwa 15 Minuten und ließ ihn wüten. Mein Mann stapfte aus dem Zimmer und sagte, ich würde das Kind foltern, denn so hörte es sich an. Ich fühlte mich schrecklich und fragte mich, ob ich wirklich das Richtige tue. Ich versuchte mir einzureden, dass das unserem Jungen gut tue und ihm ermögliche, Spannungen abzubauen. Aber das Kind schien sich einfach immer mehr aufzuladen und immer wütender auf mich zu werden. Nach einiger Zeit gab ich ihm die Brust, um ihn zu beruhigen, und dann schlief er mehrere Stunden sehr tief.

Gestern Abend ließ ich ihn wieder 30 Minuten lang toben und war überrascht, wie heftig sein Ärger war. Er kämpfte dagegen an, dass ich ihn hielt, dann wieder wollte er gehalten werden, um mich gleich darauf wieder wegzustoßen und nach seinem Papa zu verlangen. Das alles hat bei mir tiefe eigene Verletzungen und Emotionen hochgebracht, deshalb habe ich beschlossen, eine Primärtherapie zu machen. Schließlich hörte er auf zu weinen, als ich ihm sagte, er könne die Brust morgens haben. Anschließend schlief er die Nacht durch (er wachte nur einmal auf, schlief aber von selbst wieder ohne Brust ein!). Ich möchte jetzt jeden Abend so vorgehen, obwohl ich es sehr schwer finde.

Ein dreijähriges Mädchen zeigt seine Eifersucht

Ihr Buch *Warum Babys weinen* hat für mich als junge Mutter *die* Veränderung gebracht!! Es war so hilfreich, so realistisch und praktisch und auch eine so große Bestätigung für Eltern und Kind! Obwohl meine Tochter inzwischen fast drei Jahre alt ist, ist Ihr Buch immer noch meine Bibel. (Auch Ihr zweites Buch habe ich gekauft.) Im endlosen Irrgarten der Ratschläge für Eltern, der Bücher und Artikel schien Ihr Buch und Ihre Philosophie wie ein Strahl von weißem Licht, Bewusstheit und Wissen. Es war das einzige Buch, das mir wirklich sinnvoll erschien und sich praktisch und erfolgreich umsetzen ließ.
Ich habe gerade ein zweites Kind bekommen, das jetzt vier Wochen alt ist, und Barbara (meine Dreijährige) hat ziemlich intensiv mit Geschwisterrivalität zu tun. Wenn ich versuche, Zeit mit Barbara zu verbringen, damit sie ihre Eifersucht herausweinen und -wüten kann, und ich sie dabei halte und mich ihr zuwende, beginnt das Baby zu weinen! Schaue ich dann nach ihm, fühlt Barbara sich im Stich gelassen und wird noch eifersüchtiger! Ich fühle mich so durcheinander und zerrissen. Meinen Kindern helfen, sich von ihren Gefühlen zu entlasten, während ich sie halte und tröste, ist für sie so wichtig, aber ich bin offensichtlich nicht imstande, ihnen das zu geben, wenn beide mich gleichzeitig brauchen!
(Mehr dazu im folgenden Kapitel, Seite 188 ff., wo ich auf die am häufigsten gestellten Fragen eingehe und auch einen Rat für dieses Problem gebe.)

Eine Mutter versteht ihre vierjährige Tochter besser

Ihre Bücher kamen mir wirklich vor wie ein Geschenk des Himmels. Ich bin so froh, dass Sie sie geschrieben haben, denn sie verändern mein Leben.

Meine Tochter ist vier Jahre alt und schien zu oft zu quengeln und zu klammern. Ihr Buch öffnete mir die Augen und zeigte mir, wie ich Kontrollmuster entwickelte, als sie noch ein Baby war, und wie diese Verhaltensweisen, während mein Kind älter wurde, zu meiner zweiten Natur wurden. Ich brachte aus einer Stillgruppe die Idee mit, dass ich mein Kind mit Stillen trösten konnte, und da ich es nicht ertragen konnte, sie weinen zu hören, benutzte ich das Stillen, um sie davon abzuhalten, ihre Gefühle herauszulassen (obwohl ich das zu der Zeit nicht wusste und dachte, das Richtige zu tun).

Als meine Tochter etwa dreieinhalb Jahre alt war, begann ich an Treffen einer Selbsthilfegruppe teilzunehmen, die nach dem 12-Schritte-Programm vorgeht und vor allem von erwachsenen Kindern von Alkoholikern besucht wird. Dort fing ich an, meine eigenen Gefühle herauszulassen und mich durch den Trümmerhaufen meiner verbogenen Einstellungen und Verhaltensweisen vorzuarbeiten. Es kam viel Ärger bei mir hoch, der sich vor allem gegen meine Tochter richtete, obwohl sie so klein war und wenig oder gar nichts damit zu tun hatte. Ich suchte verzweifelt nach Hilfe und wollte mein Verhalten so dringend ändern. Nun, ich weinte viel und auf diesem Weg löste der Ärger sich auf. Ihre Bücher und die konkrete Hilfe, die sie bieten, lassen mich vor Erleichterung aufatmen.

Ich kann jetzt nicht nur sehen, was meine Tochter alles macht, um ihre Gefühle zu vermeiden, sondern auch, wie sich meine eigenen Kontrollmuster entwickelten. Es fühlt sich so gut an, dass die Schäden, die ich ihr zugefügt haben mag, geheilt werden können, wenn ich sie weinen lasse, sobald sie das braucht. Ich danke Ihnen dafür, dass Sie das alles ans Licht gebracht haben.

Ein fünfjähriges Mädchen holt sein Weinen nach

Als Maria vor fünf Jahren geboren wurde, trank sie eine Stunde hintereinander weg oder noch länger an der Brust. Meine Schwägerin sagte: »Deine Brust wird sich entzünden«, und: »Gib ihr doch einen Schnuller.« Ich war deshalb ziemlich erleichtert, als Maria mit etwa elf Wochen ihren Daumen entdeckte und die Last des langen Stillens von mir genommen wurde!

Als ich in *Warum Babys weinen* von Kontrollmustern las, die auch das Stillen einschlossen, da dachte ich: Was??? Das Stillen soll ein Kontrollmuster sein? Ich war leicht verärgert, dabei hätte ich schnell erkennen können, dass ich auf etwas sehr Wertvolles für mich gestoßen war. Aber leider bin ich ein wenig schwerfällig und brauche immer etwas Zeit, bevor ich etwas Neues aufnehmen kann. Als ich letzten Monat *Wüten, toben, traurig sein* las, wurde mir in Ihrem ersten Kapitel plötzlich alles klar. Jetzt hab ich's! Wenn ich in jenen ersten elf Wochen die Brust (angemessen) verweigert hätte, um das Weinen zu unterstützen, das dann gefolgt wäre, hätte sich Maria wahrscheinlich nicht zu einer so anstrengenden Fünfjährigen entwickelt.

Ich lasse Maria jetzt also lernen zu weinen, statt an ihrem Daumen zu nuckeln (ihr primäres und geliebtes Kontrollmuster), aber darüber hinaus bin ich wirklich unsicher, wie ich weiter vorgehen soll. Trotzdem muss ich sagen, dass es von dem Augenblick an, in dem ich begann, anders mit ihr umzugehen, gleich Erfolge gab. Wenn sie zu weinen anfängt, kann ich manchmal sehen, dass ihr Daumen sich reflexartig zum Mund bewegt, aber häufig beschließt sie, ihn nicht in den Mund zu stecken und stattdessen lieber zu weinen. Und wenn sie mit dem Toben schließlich zu Ende gekommen ist, wirkt sie so frisch und klar, als hätte der Ausbruch gar nicht stattgefunden oder kein Gewicht. Manchmal hebt sie sogar die Sachen wieder auf, mit denen sie um sich geworfen hat, ganz ruhig.

Ich weiß nicht genau, wie oft ich sie halten und wie oft allein lassen soll, wenn sie das mit Worten fordert. Ich weiß noch, wenn ich als Kind schrie und um mich schlug, um allein zu sein, *wollte ich gleichzeitig von ganzem Herzen, dass mich jemand hielt, unterstützte und liebte*. Also halte ich sie meistens, und wenn nicht, schaue ich häufig nach, um zu sehen, wie es ihr geht. Ich nehme an, das arme Mädchen hat ziemlich viele Tränen nachzuholen.

Die am häufigsten gestellten Fragen

In diesem Kapitel geht es um die Fragen, die Eltern und Lehrer, welche an meinen Workshops teilnehmen oder mich persönlich aufsuchen, am häufigsten stellen.

Ich stimme damit überein, dass es für Kinder gut ist zu weinen, aber ich will nicht, dass sie in meiner Nähe weinen. Ist es in Ordnung, ihnen zu sagen, sie sollen woanders weinen?

Ich weiß, dass es nicht leicht ist, mit einem weinenden Kind zusammen zu sein, aber es ist wichtig, sich daran zu erinnern, dass unsere eigenen Kindheitserfahrungen unsere Reaktionen auf Kinder beeinflussen. Wenn man uns selbst als Kindern erlaubt hätte, in Gegenwart liebevoller und aufmerksamer Erwachsener zu weinen und zu wüten, würde es uns bei weitem nicht so schwer fallen, die emotionalen Ausbrüche von Kindern zu akzeptieren.

Jeder Mensch hat das Recht auf Ruhe und Frieden, und Sie sollten dafür sorgen, dass Sie genügend Zeit für sich allein haben, ohne Kinder, ob Sie nun Vater, Mutter oder Lehrer sind. Aber wenn wir Kinder betreuen, haben wir dann auch das Recht, ihr aufrichtiges Bedürfnis nach Aufmerksamkeit zu ignorieren, nur weil wir uns unwohl fühlen?

Es gibt, vor allem in den Vereinigten Staaten, die Tendenz, Kinder zur Unabhängigkeit zu zwingen. Das zeigt sich unter anderem in Form der dort populären Erziehungsmethode »time-out«, die ich an früherer Stelle bereits erwähnt habe (siehe Seite 144). Das Kind wird dabei gebeten, sich auf einen anderen Stuhl zu setzen, weg von anderen Leuten, oder man schickt es auf sein Zimmer. Dieses Vorgehen beruht auf der Idee des Behaviorismus, dass unerwünschte Verhaltensweisen verschwinden, wenn sie von Seiten der Erwachsenen keine Aufmerksamkeit erhalten. Ich habe über die verborgenen Fallgruben dieser Form von Disziplin ausführlich geschrieben.[4]

Gute Gründe sprechen dafür, Ihr weinendes oder wütendes Kind nicht allein zu lassen

Es gibt mehrere Gründe dafür, dass ich davon abrate, Kinder, die weinen oder wüten, zu isolieren oder ihnen die Aufmerksamkeit zu entziehen. Erstens erleben Kinder das als eine Form von Strafe. Sie fühlen sich zwangsläufig, als hätten sie etwas falsch gemacht, als wären sie »schlecht«, wenn sie weinen. Dieser Entzug von Liebe und Aufmerksamkeit zu einer Zeit, wo sie genau das am meisten bräuchten, schwächt ihre Selbstachtung, denn ein Teil von ihnen – das Bedürfnis, sich von starken Emotionen zu entlasten – wird abgelehnt. Kinder brauchen bedingungslose Liebe und Akzeptanz und nicht irgendeine Aufmerksamkeit, die davon abhängt, wie sie sich gerade fühlen.

Zweitens können Isolation und Liebesentzug bei Kindern weitere schmerzliche Gefühle hervorrufen, so dass ihr Bedürfnis zu weinen noch zunimmt. Ein Kind, das in ein anderes Zimmer geschickt wird, kann sich verwirrt, unsicher, ängstlich, frustriert, wütend und voller Groll fühlen. Wenn es aufgefordert wird, sich allein und weg von einer Gruppe von Kindern auf einen anderen Stuhl zu setzen, ist ihm das vielleicht peinlich oder es schämt sich.

Drittens ist diese Form von Disziplin kein gutes Rollenmodell für erwachsene Beziehungen. Wollen wir, dass unsere Kinder ihren zukünftigen Kolleginnen und Kollegen oder ihren Partnern sagen, sie sollen in ein anderes Zimmer gehen, wenn sie ärgerlich sind, und erst wiederkommen, wenn »sie sich beruhigt haben«? Statt Kindern beizubringen, die Kommunikation mit anderen abzubrechen, macht es mehr Sinn, ihnen zu zeigen, wie man gut zuhört, damit sie diese wertvolle Fähigkeit für ihr späteres Leben lernen.

Viertens werden Kinder, die man in ein anderes Zimmer schickt oder auffordert, still auf einem Stuhl sitzen zu bleiben, wenn sie weinen, wahrscheinlich mit der Zeit lernen, ihre Tränen zu unterdrücken. Kinder entlasten sich von Gefühlen sehr viel effektiver und vollständiger, wenn ein Erwachsener ihren Schmerz akzeptiert und bestätigt. Alles, was diese gesunde Entladung verhindert, leistet Kindern keine guten Dienste, denn es macht sie anfällig für zahlreiche verschiedene emotionale und körperliche Probleme.

Die größten Bedenken, die ich habe, wenn es darum geht, das Weinen oder Wüten von Kindern zu ignorieren, betrifft die Auswirkungen auf die Eltern-Kind-Beziehung. Als Mutter zweier Kinder, die inzwischen fast erwachsen sind, weiß ich, dass es von entscheidender Bedeutung ist, mit heranwachsenden Kindern weiter im Gespräch zu bleiben. Weigern wir uns, den Gefühlen der Kinder zuzuhören, wenn sie noch klein sind, und stoßen wir sie weg, weil wir ihr Weinen nicht hören wollen, wie können wir dann erwarten, dass sie als Teenager mit ihren Problemen zu uns kommen? Sie werden schon bald lernen, *uns* wegzustoßen, weil sie die Erfahrung gemacht haben, dass wir uns weigern, ihnen zuzuhören. Sie werden woanders die bedingungslose Liebe und Akzeptanz suchen, die sie zu Hause nicht bekommen haben. Vergessen Sie nicht, dass Ihre Kinder in wenigen Jahren zu Jugendlichen heranwachsen, und Ihr jetziger Umgang mit ihnen wirkt sich auf Ihre zukünftige Beziehung zu ihnen aus.

Weinen Kinder manchmal nicht einfach, um ihre Eltern zu manipulieren? Wenn ich das verstärke, weinen sie dann nicht noch mehr, um meine Aufmerksamkeit zu bekommen?

Wenn kein unmittelbar erkennbares Bedürfnis vorliegt und Kinder das Weinen als Stressbewältigungsmechanismus benutzen, können wir leicht auf den Gedanken kommen, das Weinen beruhe darauf, die Eltern beherrschen oder manipulieren zu wollen. Dieses Missverständnis liegt besonders nahe, wenn Kinder nichtige Vorwände benutzen, um zu weinen, oder aufgrund angesammelten Stresses übertrieben fordernd werden (erinnern Sie sich an das Beispiel des zerbrochenen Kekses!).

Falsch ist auch die Annahme, dass Kinder willentlich Tränen produzieren können und nicht alle Tränen »echt« sind. Kinder können kein Weinen vortäuschen. Wenn die Tränen fließen, dann findet eine gesunde Entladung statt, selbst wenn die Ursache für das Weinen nicht offensichtlich ist. Professionelle Schauspieler können lernen, auf der Bühne echte Tränen zu weinen, indem sie sich an ein schlimmes Kindheitsereignis erinnern und sich den Schmerz spüren lassen. Dieses Weinen ist echt.

Kinder weinen nur, wenn sie es brauchen

Selbst wenn einige Kinder ihr Weinen bewusst an- und abstellen könnten (was davon abhängt, wie sicher sie sich fühlen), bedeutet das nicht, dass es vorgetäuscht ist oder dass sie versuchen, ihre Eltern zu manipulieren. Wenn Kinder genug geweint haben, fließen keine Tränen mehr, und auch wenn wir ihnen noch so viel Aufmerksamkeit schenken, weinen sie nicht mehr, als sie weinen müssen. Es ist wichtig, sich immer wieder daran zu erinnern, dass *Kinder weinen, wenn sie sich sicher genug fühlen*, dass sie aber nur so viel weinen, wie sie brauchen, um Spannungen abzubauen.

Hilfreich ist, sich Weinen und Wüten als einen Prozess vorzustellen, der der Darmentleerung ähnelt. Das Bedürfnis zu weinen baut sich allmählich auf und findet dann sein Ventil in einem Weinanfall oder einem Wutausbruch. Das ist vergleichbar dem Bedürfnis, den Darm zu entleeren, das sich ebenfalls allmählich aufbaut, bis der Drang nach Entladung spürbar wird. Wir beschuldigen Kinder nicht, uns zu manipulieren, wenn sie ihren Darm entleeren! Und wir befürchten nicht, sie könnten Durchfall bekommen, sollten wir ihnen Aufmerksamkeit schenken, wenn sie auf der Toilette sitzen. Wir wissen, dass sie eine begrenzte Menge Stuhl im Darm haben und nicht willentlich mehr produzieren können, nur um unsere Aufmerksamkeit zu bekommen.

Wurden Sie selbst als Kind manipuliert?

Aufgrund unserer eigenen Gefühle neigen wir dazu, die Motivationen von Kindern falsch zu interpretieren. Sollten Sie sich häufig manipuliert fühlen, wenn Ihr Kind schreit, empfehle ich Ihnen, Ihre eigenen Kindheitserinnerungen zu erforschen. Wenn man Sie als Kind so behandelte, dass Sie sich ohnmächtig fühlten, und Ihr Verhalten durch Strafen und Belohnungen kontrolliert wurde, ist es nur natürlich, dass Sie alles ablehnen und verweigern, was den Anschein erweckt, man wolle Sie kontrollieren oder manipulieren – selbst wenn das nicht der Fall ist.

Diese Frage wird noch komplizierter durch die Vorstellung, wir könnten unsere Kinder »verwöhnen«, was bis zur industriellen Revolution überhaupt kein Thema war. Seit der Zeit wurden zum ersten Mal in der Geschichte der Menschheit Großfamilien auseinander gerissen. Die Gesellschaft wurde mobiler, und Menschen leben dort, wo sie Arbeit bekommen. Die Folge ist, dass Eltern ohne die Unterstützung durch im Haushalt lebende Großeltern, Onkel, Tanten, Kusinen und Geschwister überfordert sind. Die Methoden der Erziehung haben sich im Vergleich zu früher, wo Eltern sich Kindern viel intensiver zuwenden konnten, drastisch verändert.

Mütter wurden gewarnt, ihr Kind nicht zu verwöhnen und sich nicht zu sehr mit ihm zu beschäftigen, sondern es zur Unabhängigkeit zu drängen. Das führte zu beklagenswerten Praktiken wie der frühen Entwöhnung von der Brust und dem frühen Toilettentraining – manchmal schon im Alter von drei Wochen. Man zwang Babys allein zu schlafen, unterwarf sie einem strikten Fütterungszeitplan, ignorierte sie, wenn sie weinten, und disziplinierte Kinder durch Strafen. (Für ältere Kinder waren Strafen nicht neu, aber jetzt wurden sie auch auf Kleinkinder übertragen.) Das Gefühl, von Kindern manipuliert zu werden, entstand vielleicht zusammen mit der Angst, sie zu verwöhnen.

Die Tatsache, dass Sie sich durch das Weinen Ihres Kindes manipuliert *fühlen*, muss nicht heißen, dass Ihr Kind wirklich die *Absicht* hat, Sie zu manipulieren.

Wie kann ich echte Bedürfnisse von unvernünftigen Forderungen unterscheiden?

Im Kapitel »Der zerbrochene Keks« habe ich beschrieben, wie Kinder kleinere Anlässe benutzen, um über den Stress zu weinen, der sich in ihrem Leben angehäuft hat. Manchmal werden sie übertrieben fordernd. Wenn wir dann feste Grenzen setzen, reicht das oft schon, um den Tränenfluss auszulösen. Wie können wir dann sicher wissen, was ein Kind wirklich braucht? Darauf gibt es leider keine einfache Antwort.

Hier eine Situation, die eine Mutter beschrieb, welche einen meiner Workshops besuchte. Ihre vierjährige Tochter wollte täglich dieselbe Unterhose anziehen, weil darauf bestimmte

Cartoonfiguren abgebildet waren. Wenn diese Unterhose nicht zur Verfügung stand (weil sie schmutzig und noch nicht gewaschen war), bekam sie einen Wutanfall. Ihre Mutter hatte sich deshalb angewöhnt, diese Unterhose jeden Abend zu waschen, damit ihre Tochter sie täglich anziehen konnte. Die Frage, die diese Mutter in meinem Workshop stellte, lautete, ob ich glaube, das sei ein echtes Bedürfnis, oder ob etwas anderes dahinter stecke. Mit anderen Worten: Bekam ihre Tochter wirklich wegen dieser Unterhose einen Wutanfall oder wegen anderer belastender Dinge, die damit gar nichts zu tun hatten?

Suchen Sie zusammen mit Ihrem Kind nach einer Lösung, wenn Sie beide unaufgeregt sind

In Situationen wie diesen empfehle ich, das Thema und praktische Konfliktlösungen zunächst mit dem Kind zu besprechen, und zwar zu einem Zeitpunkt, wo keiner der beiden aufgebracht ist. Die Mutter könnte sagen: »Wir haben ein Problem. Du möchtest täglich diese Unterhose tragen, und ich bin es leid, sie jeden Tag zu waschen. Was könnten wir machen?« Sie können sich zusammen mögliche Lösungen ausdenken. Eine wäre, von der gleichen Unterhose noch weitere zu kaufen. Wenn Mutter und Tochter eine Lösung finden können, mit der beide einverstanden sind, ist das Problem vom Tisch. Die Mutter wird rückwirkend erkennen, dass es für ihre Tochter sehr wichtig war, diese Unterhose zu tragen.

Wenn sie jedoch keine befriedigende Lösung finden, hat das zugrunde liegende Thema wahrscheinlich nichts mit der Unterhose zu tun. Das Kind benutzt sie einfach als Anlass, um zu weinen. Oder sie finden eine Lösung, dass *dieses* Problem keine Wut mehr weckt, dafür sucht das Mädchen einen anderen Vorwand, um morgens zu wüten. Vielleicht haben ihre Socken plötzlich die falsche Farbe oder ihre Schuhe sind nicht bequem.

Hier das Beispiel einer Situation mit meiner Tochter, in der ihr Bedürfnis zu weinen kein echtes war:

Als meine Tochter sieben Jahre alt war, begann sie jeden Morgen über die Nähte in ihren Socken zu weinen, die sie störten. Also kaufte ich ihr Socken ohne Nähte an den Zehen. Damit war das morgendliche Weinen jedoch nicht beendet. Es schien, als ob sie jeden Morgen, während sie sich für die Schule anzog, einen Grund zum Weinen suchte. Das passierte im Verlauf einiger Monate, in denen zwei andere Mädchen an der Schule, die bislang ihre engsten Freundinnen gewesen waren, sie von ihrem Spiel ausschlossen. Das Weinen war also ihr Weg, sich vom Stress zu entlasten, der auf einer schwierigen sozialen Situation beruhte.

Wie soll ich das Weinen akzeptieren, wenn ich mich um mehr als ein Kind kümmern muss? Ist Ihre Methode nicht einfach unrealistisch?

Die emotionalen Bedürfnisse von mehr als einem Kind zu erfüllen ist sicher eine Herausforderung, ganz gleich, ob Ihre Kinder altersmäßig nicht viel auseinander sind oder Sie mehrere Babys oder jüngere Kinder betreuen müssen. Eltern von Zwillingen haben es oft besonders schwer.

Ihnen sollte klar sein, dass Sie die Bedürfnisse sämtlicher Kinder nicht auf einmal erfüllen können. Wenn mehr als ein Kind weint, können Sie entscheiden, wer als Erstes Aufmerksamkeit braucht. Eine generelle Richtlinie lautet, dem jüngsten Kind so viel Körperkontakt und Aufmerksamkeit zu schenken wie möglich. Geben Sie den Älteren Unterstützung und Aufmerksamkeit durch Lächeln, bestätigende Worte und eine gelegentliche Umarmung oder ein Tätscheln. Wenn Kinder beobachten, wie Sie liebevoll auf ein anderes weinendes oder wütendes Kind eingehen, können sie zwar eifersüchtig werden, aber sie werden dadurch Bestätigung bekommen, dass sie sich in einer Umgebung befinden, in welcher der Ausdruck starker Emotionen akzeptiert wird.

> **Sie können nicht die Bedürfnisse aller Kinder auf einmal befriedigen**

Eltern sein oder kleinere Kinder betreuen ist eine sehr schwierige Aufgabe. Trotzdem ist die Betreuung von Kindern in Gruppen oder die alleinige Verantwortung für mehr als ein Kind unter drei Jahren kein natürlicher Zustand, ganz gleich, für wie lange Zeit. Die Gruppenbetreuung für Babys und kleinere Kinder unterscheidet sich sehr von der natürlichen Umgebung, in der die Menschheit sich entwickelte. Unsere Vorfahren waren Jäger und Sammler, die in Großfamilien lebten. Es gab in diesen Clans immer mehr Erwachsene als Kinder, und die Verantwortung für Babys und kleinere Kinder lag nicht bei einem Erwachsenen allein. Eltern teilten sich die Verantwortung. Außerdem haben Untersuchungen über Jäger-und-Sammler-Gesellschaften der Gegenwart gezeigt, dass die Kinder in den Familien etwa im Abstand von drei Jahren geboren werden. Während der ersten Jahre wird jedem Kind viel individuelle Aufmerksamkeit zuteil. Unsere genetische Struktur hat sich seit der Jäger-und-Sammler-Zeit nicht groß verändert. Es scheint, dass Kinder unter drei Jahren darauf programmiert sind, individuelle Aufmerksamkeit zu erwarten.[5]

Auf dem Hintergrund der kulturellen und ökonomischen Situation in Industrieländern werden Säuglinge und kleinere Kinder unter drei Jahren zunehmend in Gruppen betreut.

Tipps für Erzieher

Das ist keineswegs ideal, aber eine Realität, aus der wir das Beste machen müssen. Mein Rat an die Leiterinnen und Leiter von Kindertagesstätten lautet: möglichst viele erwachsene Betreuer, so wenig Belegschaftswechsel wie möglich und individuelle Zeitpläne für das Füttern und das Schlafen der Kinder. Und vielleicht am wichtigsten: Versuchen Sie eine enge Bindung zwischen Kindern und Betreuungspersonen zu fördern. Sorgen Sie für eine Umgebung mit wenig Stress, in der Tränen und Wutanfälle akzeptiert werden. Lehrerinnen und Lehrer können besonders hilfreich sein, wenn es darum geht, Kinder beim Weinen zu akzeptieren und sie emotional zu unterstützen, sollten die Eltern dazu nicht imstande oder bereit oder die häusliche Situation belastend sein. Lehrer können eine entscheidende Rolle in Krisen spielen, zum Beispiel bei der Scheidung der Eltern. Kinder weinen immer dann, wenn sie sich emotional sicher genug fühlen. Fühlen sie sich zu Hause sicher, werden sie meistens dort weinen. Wenn sie jedoch zu Hause für ihr Weinen bestraft oder dabei ignoriert werden oder die Eltern selbst die Hauptursache für ihren Schmerz sind, werden Kinder versuchen, bei anderen Bezugspersonen zu weinen. Immer wenn ein Kind bei Ihnen weint, ob Sie nun Vater oder Mutter oder ein anderer betreuender Erwachsener sind, können Sie sich geehrt fühlen, denn das Kind hat so viel Vertrauen zu Ihnen, dass es sich in Ihrer Gegenwart von Gefühlen entlastet. Das zeugt von Ihrer Aufmerksamkeit und liebevollen Anteilnahme.

Tipps für Lehrer

Müssen Kinder nicht lernen, sich an die Gesellschaft anzupassen?

Ja, Kinder sollten lernen, wann und wo es angemessen ist zu weinen (so wie sie auch die Toilettenbräuche lernen müssen). Aber von einem Kind unter fünf Jahren (oder manchmal auch älter) ist das zu viel verlangt. Die Gefühle von Kindern sind sehr intensiv und unmittelbar. Es fällt ihnen außerordentlich schwer, an sich zu halten und den Ausdruck ihrer Empfindungen für günstigere Zeiten aufzusparen.

Eltern sorgen meistens dafür, dass ihr Baby frisch gewickelt ist und ältere Kinder noch einmal zur Toilette gehen, bevor sie das Haus verlassen. Sie können, was das Weinen und Wüten betrifft, ähnliche Vorkehrungen treffen. Lassen Sie Ihr Kind zu Ende weinen, wenn es das braucht, bevor Sie weggehen. Wenn Sie sehen, dass sich ein Wutanfall zusammen-

Falls möglich, lassen Sie Ihr Kind noch zu Hause weinen

braut, sollten Sie warten, bis er stattgefunden hat. Das ist natürlich nicht immer möglich und selbst bei besten Vorsichtsmaßnahmen kann es vorkommen, dass Ihr Kind in der Öffentlichkeit weinen muss oder einen Wutanfall bekommt.

Kindliches Weinen in der Öffentlichkeit

Diese emotionalen Ausbrüche stören andere Menschen meistens nicht so sehr, wie Eltern befürchten, und sie liefern Ihnen eine ausgezeichnete Gelegenheit zu demonstrieren, was es heißt, aufmerksam zuzuhören und Gefühle zu akzeptieren. Sollte Ihr Kind jedoch während eines Gottesdienstes, in der Bücherei, im Restaurant, im Konzertsaal oder an anderen Orten anfangen zu quengeln, wo Menschen sich wahrscheinlich gestört fühlen, ist es klug, sich mit ihm an einen anderen Ort zu begeben. Wenn es weinen muss, können Sie bei ihm bleiben, während es seine Gefühle entlädt. Wenn es nicht möglich ist, mit Ihrem Kind woanders hinzugehen, können Sie versuchen, sein Weinen durch Ablenkungen zu unterbrechen. Sie sollten sich jedoch darüber im Klaren sein, dass Sie das Weinen damit nur aufschieben, bis die Situation günstiger ist. (Es ist im Übrigen unrealistisch zu erwarten, dass sich Säuglinge und kleinere Kinder an den oben erwähnten Orten längere Zeit ruhig verhalten.)

Mein Kind nuckelt am Daumen und weint nicht viel. Was kann ich tun?

Wenn Kinder sich wiederholt mit Kontrollmustern wie Daumenlutschen vom Weinen abhalten, machen Eltern sich manchmal große Sorgen und fragen sich, wie sie diese Gewohnheiten unterbinden können.

Beständiges Daumenlutschen als Kontrollmuster

Ich betrachte wiederholtes und längeres Daumenlutschen in jedem Fall als Kontrollmuster – im Gegensatz zum gelegentlichen Erforschen des Daumens oder anderer Finger, die das Kind zu diesem Zweck in den Mund steckt.

Babys und Kinder, die am Daumen nuckeln, unterdrücken auf diese Weise ihre Gefühle ähnlich wie ein Erwachsener, der vielleicht eine Zigarette raucht, wenn er aufgebracht oder angespannt ist. Im letzteren Beispiel jedoch ist die körperliche Abhängigkeit vom Nikotin ebenfalls Teil des Kontrollmusters. Kinder lutschen am Daumen, wenn sie Stress haben oder schmerzliche Emotionen empfinden und sich nicht sicher genug fühlen, um zu weinen.

Manche Babys nuckeln bereits vor der Geburt an ihren Daumen. Meistens jedoch beginnen sie damit in den ersten sechs Monaten. Häufig reagiert das Kind in dieser Form auf die wiederholten, wenn auch gut gemeinten Versuche der Eltern, es vom Weinen abzulenken oder zu »beruhigen«, in der Hoffnung, es möge sich dann besser fühlen. Das Daumenlutschen kann auch eine Reaktion darauf sein, dass das Kind bei seinen Weinanfällen ignoriert wurde.

Langes Daumenlutschen kann Auswirkungen auf die Zahnstellung haben, so dass das Kind später eine Zahnspange tragen muss. Im Folgenden kann sich daraus auch die Gewohnheit des Nägelkauens oder Rauchens entwickeln. Wenn ein Kind am Daumen nuckelt, muss das jedoch nicht bedeuten, dass es große psychische Probleme hat oder später als Erwachsener haben wird. Und es heißt gewiss *nicht*, dass Sie als Eltern versagt haben. Aus meiner Sicht ist das Daumenlutschen eine eher harmlose Angewohnheit, die Kinder entwickeln und die darauf hinweist, dass sie einige schmerzliche Gefühle zurückhalten. Meistens ist es nicht schwer, Kindern zu helfen, sich das Daumenlutschen abzugewöhnen. Eltern sollten versuchen, das Daumenlutschen ihrer Kinder einzuschränken, denn es ist besser, wenn Kinder sich von Gefühlen entlasten, statt dass sie daran festhalten. Kommentare oder verbale Ermahnungen helfen nicht groß weiter, und es ist auch nicht notwendig, dem Kind den Daumen aus dem Mund zu nehmen. Am wirkungsvollsten ist es, wenn Sie dem Kind so viel Sicherheit vermitteln, dass es seine Gefühle nicht mehr in dieser Form unterdrücken muss.

(Siehe die vorgeschlagenen Richtlinien im Kapitel »Emotionale Sicherheit schaffen«.)

Helfen Sie Ihrem Kind, bei kleineren Verletzungen zu weinen

Sie sollten das Kind akzeptieren, wann immer es spontan weint oder wütet, und nicht versuchen, es von diesen Ausbrüchen abzuhalten. Unfälle, bei denen das Kind sich kleinere körperliche Verletzungen zuzieht, sind ausgezeichnete Gelegenheiten, ein Kind, das am Daumen nuckelt, zum Weinen zu ermuntern. Wenn sie sich Schrammen oder Beulen zuziehen, weinen diese Kinder zumindest für kurze Zeit, bevor sie ihren Daumen in den Mund stecken. In dieser Zeit können Sie Ihrem Kind Ihre ganze Aufmerksamkeit schenken und es zum Weinen ermutigen. Es kann hilfreich sein zu sagen: »Das tut wirklich weh, nicht wahr?«, oder: »Es ist in Ordnung zu weinen.« Sie können die verletzte Körperstelle behutsam berühren, um die Aufmerksamkeit des Kindes auf den Schmerz zurückzulenken. Vielleicht benutzt das Kind diese Gelegenheit, um sich von Gefühlen zu entlasten, die mit dieser kleinen Verletzung gar nicht zusammenhängen. Auf diese Weise wird das Kind allmählich mehr Sicherheit und Vertrauen entwickeln.

Schenken Sie Ihrem Kind so viel Aufmerksamkeit wie möglich

Berührungen und körperliche Nähe können bei Daumenlutschern sehr wirkungsvoll sein. Schenken Sie Ihrem Kind Ihre Zuwendung, wenn es am Daumen nuckelt, halten Sie es, berühren Sie es, stellen Sie Augenkontakt her, sprechen Sie mit ihm und versuchen Sie seine Aufmerksamkeit zu gewinnen. Falls notwendig, können Sie behutsam die Hand berühren, die es zum Mund führt, damit es wahrnimmt, dass es am Daumen nuckelt (ohne das aber zu erwähnen). Bei einem Baby kann es sehr nützlich sein, wenn Sie seine Stirn oder seine Wangen streicheln, während Sie ihm Ihre ganze Aufmerksamkeit schenken (siehe das Beispiel auf Seite 106 f.). Wenn Kinder spüren, dass ein anderer Mensch

wirklich präsent für sie ist, nehmen sie spontan ihren Daumen aus dem Mund, um zu weinen.
Sollte Ihr Kind, sei es im Kleinkindalter oder älter, sich weiterhin gegen Ihre Nähe wehren, sollten Sie trotzdem fortfahren, ihm Ihre Zuneigung zu zeigen, und ihm beharrlich folgen, selbst wenn es sich von Ihnen entfernt. Versichern Sie Ihrem Kind, dass Sie wirklich bei ihm sein wollen. Seien Sie nicht überrascht und nehmen Sie es nicht persönlich, wenn Ihr Kind seinen Ärger gegen Sie richtet. Eine Reaktion auf Ihre konzentrierte Aufmerksamkeit kann auch darin bestehen, dass ein Kind, das schon sprechen kann, zu weinen beginnt und Ihnen die Schuld daran gibt, dass es sich schlecht fühlt. Seien Sie unbesorgt, Ihr Kind holt einfach sein Weinen nach und benutzt Sie als Prellbock!

Bringen Sie Ihr Kind zum Lachen

Eine weitere wirkungsvolle Intervention bei Daumenlutschern besteht darin, das Kind zum Lachen zu bringen. Mit Babys können Sie etwa vom siebten Lebensmonat an »Guck-Guck« spielen. Älteren Kindern können Sie Spiele vorschlagen, bei denen Sie so tun, als seien Sie schwach, unwissend, ängstlich oder dumm. Lassen Sie sich vom Kind »besiegen«. Diese Spiele werden mit ziemlicher Sicherheit dazu führen, dass das Kind seinen Daumen aus dem Mund nimmt, um zu lachen, und das Lachen hilft ihm, Spannungen und angesammelte Gefühle von Angst, Ärger oder Ohnmacht loszulassen. Diese Art Spiel trägt auch zur Bindung und zum Vertrauen zwischen Ihnen und Ihrem Kind bei. Sie schaffen damit die emotionale Sicherheit, die Ihr Kind braucht, um tiefere Gefühle zu zeigen und zu weinen.

Ist es falsch, ein Baby durch Stillen zu trösten?

Wichtig ist, sich in jeder Situation bewusst zu sein, was Ihr Baby wirklich braucht. Was Nahrung, Stillen und Gefühle betrifft, so besteht viel Unsicherheit, und es geschieht nur allzu leicht, dass wir die Bedürfnisse von Babys falsch verstehen. Sollten Sie selbst dazu neigen, zu viel zu essen oder zu rauchen, wenn Sie aufgebracht sind, dann ist es für Sie kein Leichtes, die wirklichen Bedürfnisse Ihres Kindes herauszufinden.

In einer Untersuchung der mütterlichen Interpretationen des Weinens von Babys wurden drei Arten von Weinen aufgezeichnet (Weinen aufgrund von Schmerzen, Hunger und Erschrecken) und den Müttern vorgespielt. Viele dieser Aufnahmen wurden fälschlicherweise für ein Weinen aus Hunger gehalten.[6] Diese häufige Fehlinterpretation des Weinens könnte teilweise eine Erklärung dafür liefern, warum so viele Mütter dazu neigen, ihre Babys zu überfüttern.

Stillen ja, aber ...

Babys brauchen eine liebevolle Mutter, die ihre Bedürfnisse nach Nahrung und Nähe erfüllt. Das Stillen an der Brust ist ein idealer Weg, diese beiden Bedürfnisse zu befriedigen. Aber Babys brauchen auch Eltern, die mit ihrer Aufmerksamkeit bei ihnen sind, wenn sie sich von Gefühlen entlasten müssen, und es ist wichtig, dass dieses Dasein von Anfang an Bestandteil der Eltern-Kind-Beziehung ist. Wie in diesem Buch wiederholt gesagt wurde, sollten Babys beim Weinen niemals alleine gelassen werden. Wenn sie beim Weinen gehalten und geliebt werden, schenken wir ihnen die Möglichkeit einer gesunden Entladung ihrer Spannungen.

Wir tappen leicht in die Falle zu denken: »Stille das Baby, und alles ist gut«, denn Babys scheinen an der Brust immer zufrieden zu sein. Sie können nicht gleichzeitig weinen und trinken. Aber nicht jedes Quengeln verweist auf Hunger, und das Stillen dient nur allzu oft dazu, das Weinen zu unterdrücken, zumindest vorübergehend. Müttern wird häufig gesagt, das Stillen sei ein akzeptabler Weg, Babys zu trösten, auch wenn sie nicht hungrig sind. Ich glaube, diese Haltung ist so verbreitet, weil viele Menschen nicht erkennen, wie intensiv der emotionale Schmerz eines Babys sein kann, oder weil sie den Prozess der emotionalen Entlastung nicht verstehen.

Es ist wichtig zu wissen, dass der Such- und Saugreflex (den Kopf wenden und an allem saugen, was ihre Wange berührt) in den ersten Monaten ein stark ausgeprägter Reflex bei Babys ist. Babys saugen automatisch an der Brust. Dieser Reflex ist notwendig für ihr Überleben. Im Laufe der Evolution hätten Babys ohne diesen starken Drang zum Saugen nicht überlebt. Das bedeutet jedoch, dass sich Babys in den ersten Wochen ebenso wenig zum Saugen entscheiden, wie Sie sich entscheiden, mit dem Bein zu treten, sowie Sie einen Schlag auf Ihr Knie bekommen (Kniesehnenreflex).

Wenn eine Mutter in Zeiten, in denen das Baby versucht, Stress durch Weinen zu entladen, dem Kind wiederholt die Brust anbietet, kann das Stillen zur Gewohnheit und zum Kontrollmuster werden. Wenn die Reflexe dann verschwinden und das Saugen der willkürlichen Kontrolle des Babys unterliegt, scheint es, als wollten Babys auch dann gestillt werden, wenn sie nicht hungrig, sondern nur aufgebracht sind. (Siehe Seite 102, wo ich darlege, wie häufig ein Baby gestillt werden sollte.)

Und wenn das Kind quengelt?

Quengeln ist meistens ein Zeichen dafür, dass das Bedürfnis zu weinen nicht erfüllt wurde. Quengeln ist der – nicht erfolgreiche – Versuch zu weinen. Manche Eltern finden das Quengeln irritierender als ein ungehemmtes Weinen, vor allem, wenn es den ganzen Tag anhält.

Es gibt mehrere Gründe dafür, dass Kinder quengeln. Vielleicht fühlen sie sich nicht sicher genug, um richtig loszuweinen, weil sie Angst haben, bestraft oder gemaßregelt zu werden. Eine andere Möglichkeit ist, dass das Kind zwar schmerzliche Gefühle empfindet, aber nicht genug Stress angesammelt hat, um hemmungslos zu weinen.

Warum quengeln Kinder?

Im Alter von acht Jahren stellte mein Sohn einen interessanten Vergleich an. (Wir nannten traurige Gefühle immer »Kummerchen«.) Er sagte: »Kummerchen sind wie eine Zuckerdose. Es muss genug drin sein, damit man was rausnehmen kann. Wenn nur ein paar Krümel unten drin sind, kriegt man sie nicht raus.« Er wollte damit sagen, dass er erst dann richtig weinen konnte, wenn er genug Anlass zu weinen hatte.

Manchmal werden Kinder quengelig, wenn Erwachsene sich zu sehr darum bemühen, auf jedes kleine Nörgeln einzugehen, und damit unbeabsichtigt ein hemmungsloses Weinen verhindern. Quengler suchen vielleicht nach einem Grund (wie einem zerbrochenen Keks), um weinen zu können. Manchmal müssen Sie nur darauf warten, dass das Kind diesen Grund findet. Vielleicht können Sie ihm helfen, indem Sie feste Grenzen setzen (aber ohne das Kind zu bestrafen), wenn es übertrieben fordernd oder aufsässig ist.

Quengeln und Klammern können auch ein Hinweis auf körperliche Schmerzen oder Krankheiten sein, versäumen Sie also nicht, das zu überprüfen. Manchmal sagt ein Kind damit, dass es sich nicht wohl fühlt.

Wie weiß ich, dass ich mein Kind, wenn ich es festhalte, nicht erneut frustriere?

Wir sollten ein hyperaktives, aufsässiges oder gewalttätiges Kind mit Bewusstsein und Einfühlungsvermögen festhalten, um sein Verhalten zu unterbinden. *Sie sollten das niemals aus Ärger tun oder um das Kind zu bestrafen.* Wenn Sie so wütend auf Ihr Kind sind, dass Sie den Drang verspüren, ihm etwas anzutun, sollten Sie das Festhalten aufschieben und sich etwas Zeit für sich nehmen, bis Sie sich wieder gefasst haben. Wenn Sie das Kind voll Ärger festhalten, vermitteln Sie ihm nicht die Sicherheit, die es braucht, und könnten neue Ängste oder Frustrationen bei ihm auslösen.

Bevor Sie mit dem Festhalten beginnen, ist es wichtig, dass Sie Ihr Möglichstes tun, um dem Kind emotionale Sicherheit zu vermitteln (wie im Kapitel »Emotionale Sicherheit schaffen« beschrieben). Wenn Sie eine gute Beziehung zu Ihrem Kind entwickelt haben, empfehle ich, es vor allem in den Zeiten festzuhalten, in denen es gewalttätig oder extrem aufsässig ist und offensichtlich ohne Hilfe nicht zum Weinen gelangen kann. Das Festhalten ist auch dann nützlich, wenn das Kind durch sein Quengeln und Klammern deutlich macht, dass es weinen muss und gehalten werden will.

Schaffen Sie zunächst emotionale Sicherheit

Wenn das Kind aufsässig oder gewalttätig ist, müssen Sie erst die Situation klären und überprüfen, ob es sich berechtigt gegen ein verletzendes Verhalten von Erwachsenen auflehnt. Erwartet man von ihm, gegen seinen Willen etwas Unnötiges zu tun? Reagiert es auf autoritäre Disziplin? Ist es nicht respektiert worden? Wurden seine Bedürfnisse ignoriert? Wenn Sie in solchen Fällen das Kind festhalten, frustrieren Sie es nur noch mehr.

Wenn Sie ziemlich sicher sind, dass das aufsässige oder gewalttätige Verhalten des Kindes auf angesammeltem Stress beruht, dann können Sie ihm mit dem Festhalten helfen, sich von seinen schmerzlichen Gefühlen zu befreien. Seien Sie dabei liebevoll, aber entschlossen. Schließen Sie das Kind in Ihre Arme, selbst wenn es vehement protestiert und um sich schlägt, tritt oder brüllt. Halten Sie bei diesem anfänglichen Auflehnen beharrlich liebevollen Körperkontakt, während Sie sich selbst davor schützen, von Ihrem Kind verletzt zu werden. Achten Sie darauf, dass das Kind Raum hat, sich zu bewegen. Kinder, die sprechen können, protestieren manchmal, indem sie Dinge verlangen, die sie nicht wirklich brauchen, behaupten, dass Sie ihnen wehtun, brüllen, dass sie Sie hassen und anderes mehr. Versichern Sie Ihrem Kind, dass Sie es lieben

So halten Sie Ihr Kind am besten fest

und es eine Weile festhalten werden, um zu verhindern, dass es jemanden verletzt. Erklären Sie, dass Sie für die Sicherheit aller Menschen in Ihrer Umgebung sorgen müssen.

Kinder, die weinen müssen, tun das meistens nach ein, zwei Minuten, wenn sie so gehalten werden. Manche Kinder kämpfen und wehren sich auch dann noch, wenn sie zu weinen angefangen haben. Wenn Ihr Kind nach fünf Minuten immer noch versucht sich freizukämpfen, empfehle ich Ihnen zuzulassen, dass es sich aus Ihren Armen befreit, und dann sein Verhalten zu beobachten. Fährt es mit seinem aufsässigen oder gewalttätigen Verhalten fort oder sucht es Ihre Aufmerksamkeit, indem es quengelt und klammert, sollten Sie es wieder festhalten, damit es weiterweinen kann.

Wenn Ihr Kind nach einigen Minuten nicht zu weinen beginnt, sondern nach wie vor verbal protestiert, es Sie schlägt oder tritt, ist das ein Hinweis darauf, dass es sich nicht sicher genug fühlt zu weinen. In diesem Fall hat es keinen Sinn, das Kind weiter festzuhalten, weil Sie beide dadurch nur frustriert werden.

Wenn das Festhalten nichts nützt

Wenn Ihr Kind ruhig wird, sich aber in sich selbst zurückzieht und weder weint noch Augenkontakt mit Ihnen sucht, dann hilft ihm das Festhalten nicht, die nötigen Tränen zu weinen. Versuchen Sie die Position zu ändern. Kinder, die das Saugen an der Brust als Kontrollmuster entwickelt haben, weinen nicht leicht, wenn sie sich mit ihrer Mutter in der üblichen Stillposition befinden. Wenn Sie das Kind anders halten, kann ihm das helfen, die notwendigen Tränen zu vergießen.

Richten Sie sich auf lange Weinperioden ein. Das Festhalten kann Kindern helfen, sich von ganz frühen Traumen zu entlasten, wie solchen, die pränatal bedingt sind oder durch den Geburtsprozess verursacht wurden. Die emotionale Entladung kann sehr intensiv sein. Wenn Ihr Kind nach dem Weinen ruhig, entspannt, glücklich und liebevoll ist, dann hat das Festhalten etwas bewirkt. Verändert sich das Verhalten Ihres Kindes nach dem Weinen nicht zum Besseren, dann braucht es außer dem Festhalten vielleicht noch eine andere Form der Aufmerksamkeit. Den meisten Eltern fällt auf, dass sich sowohl die Stimmung als auch das Verhalten ihres Kindes entscheidend verbessern, nachdem es festgehalten wurde.

Sollten auch ältere Kinder noch festgehalten werden?

Kinder über sieben, acht Jahre brauchen die körperliche Einschränkung und Beruhigung durch das Festhalten immer weniger. Ältere Kinder können ihre gewalttätigen Impulse besser kontrollieren und sich, wenn sie weinen müssen, andere Gelegenheiten dafür suchen. Sie können auch sprachliche Anweisungen besser verstehen, und eine verbale Grenze (wie ein entschieden, aber liebevoll geäußertes »Nein!«) kann einem Kind ebenso effektiv wie das Festhalten helfen, von aufsässigem oder aggressivem Verhalten zu heilsamen Tränen überzugehen.

Ich finde auch, dass es für Kinder wichtig ist zu weinen, aber mein Lebensgefährte (oder meine Schwiegermutter, der Babysitter, Lehrer etc.) versucht mein Kind vom Weinen abzuhalten. Was kann ich dagegen unternehmen?

Wählen Sie die richtigen Worte zur richtigen Zeit

Diese Frage beschäftigt viele Eltern. Zuallererst: Versuchen Sie nicht, diese Leute über die Hintergründe des Weinens aufzuklären, während Ihr Kind weint. Das funktioniert fast nie, denn die Menschen sind meistens zu aufgeregt, wenn sie ein Kind weinen hören, um aufnehmen zu können, was Sie zu sagen haben. Wählen Sie eine Zeit, wo alle zufrieden und entspannt und die Kinder möglichst nicht in der Nähe sind, und teilen Sie Ihre Einstellung dann ruhig mit. Wenn Sie den anderen vermitteln: »Bei mir klappt das und es scheint meinem Kind zu helfen«, erreichen Sie meistens mehr, als wenn Sie sie mit dem »richtigen Weg« beim Umgang mit weinenden Kindern konfrontieren und den ihren als »falsch« darstellen. Wenn Sie Menschen Gelegenheit geben, über ihre eigene Kindheit zu sprechen, wird ihnen klarer, wie schädlich die Folgen ihrer Versuche sind, den Prozess der emotionalen Entladung zu verhindern. Vielleicht ist die andere Person bereit, einen Artikel oder ein Buch über das Weinen (wie dieses zum Beispiel) zu lesen.

Bei manchen Menschen wurde das Weinen so stark unterdrückt, dass sie diese Einstellung nicht verstehen können, ganz gleich, wie oft Sie mit ihnen darüber sprechen. Wenn Sie das Gefühl haben, das Verhalten eines Menschen schade Ihrem Kind, dann haben Sie das Recht, den Kontakt zwischen beiden zu unterbrechen. Denken Sie jedoch daran, dass es für Kinder gut ist zu lernen, mit allen möglichen Menschen zurechtzukommen, und es nicht immer notwendig ist, sie vor anderen Leuten zu schützen, außer natürlich im Falle des Missbrauchs.

Jeder Mensch hat seine Stärken

Kinder lernen sich ihr Weinen für Menschen aufzusparen, bei denen sie sich am sichersten fühlen. Wenn Oma es nicht ertragen kann, Ihren Sohn weinen zu hören, wird er sich wahrscheinlich sein Weinen für die Zeiten aufheben, in denen er nicht mit ihr zusammen ist. Trotzdem kann er eine liebevolle und sinnvolle Beziehung zu seiner Großmutter haben. Vielleicht hat sie mehr Geduld als alle anderen, um seine unaufhörlichen Fragen zu beantworten oder ihm dieselbe Geschichte wieder und wieder vorzulesen. Jeder Mensch hat seine Stärken und Schwächen in Bezug auf Kinder, und Kinder lernen schnell, von den Stärken der Menschen in ihrer Umgebung zu profitieren.

Wenn Kinder Gelegenheit haben, ihren Gefühlen bei *irgendeiner* Person Luft zu machen, lernen sie erstaunlich gut, mit anderen Menschen auszukommen, auch wenn diese das Kind in seinen starken Emotionen nicht unterstützen können. Am besten ist es, wenn sie mindestens bis zum Alter von sechs, sieben Jahren täglich Kontakt mit einer Person haben, die gut zuhören und ihnen helfen kann. Danach können sie sich ihre Gefühle für längere Zeitspannen aufsparen.

Eltern unterstützen, deren Kinder weinen

Wenn Sie mit Eltern arbeiten oder beruflich mit ihnen Kontakt haben, ist es wichtig, die Eltern zu unterstützen, deren Kinder viel weinen. Wie auf Seite 18 dieses Buches bereits erwähnt wurde, war in einer Untersuchung Weinen der Faktor, der in 80 Prozent der Fälle von Misshandlung das gewalttätige Verhalten auslöste. Helfen Sie besonders den Eltern, deren Babys schwere Geburten hatten oder pränatalen Belastungen ausgesetzt waren, denn diese Kinder sind wahrscheinlich quengeliger und schwieriger als andere.

Vier Wege, wie Sie Eltern helfen können

Es gibt vier grundlegende Möglichkeiten, wie Sie Eltern helfen und sie unterstützen können. Erstens brauchen sie vielleicht konkrete Vorschläge, wie sie den Stress im Leben ihrer Kinder verringern können, so dass diese weniger Anlass zum Weinen haben. Aber auch wenn *Eltern* manchmal selbst der Grund für den emotionalen Schmerz von Kindern sind, sollten Sie ihnen *niemals direkte Vorwürfe machen, dass ihre Kinder weinen*. Eltern brauchen Bestätigung, dass das Weinen kein Zeichen für ihre Unzulänglichkeit ist.

Zweitens brauchen Eltern korrekte Informationen über das Weinen und sollten daran erinnert werden, dass es ihren Kindern gut tut zu weinen. Sie müssen wissen, dass ihr Kind sie nicht ablehnt oder manipuliert. Sie können Eltern ermutigen, ihr weinendes Baby (und kleine Kinder) festzuhalten und das Weinen zu akzeptieren, statt ihre Kinder in solchen Situationen zu bestrafen, abzulenken oder zu ignorieren.

Drittens müssen wir auch Eltern zuhören und ihnen erlauben, ihre eigenen starken Emotionen zu äußern, die durch das Weinen ihres Kindes ausgelöst werden, vor allem Gefühle wie Ärger, Angst, Schuld und Ohnmacht. Sie brauchen auch Gelegenheit, über ihre eigene Kindheit zu sprechen und mitzuteilen, wie sie behandelt wurden, wenn sie als Kind weinten.

Und viertens schließlich benötigen Eltern von Babys und Kindern, die viel weinen, gelegentlich eine Pause von ihren elterlichen Verantwortlichkeiten. Ein, zwei Stunden ohne ihre Kinder können Eltern sehr helfen, ein neues Verständnis zu gewinnen und wieder Geduld zu fassen.

Wenn ein Verdacht auf körperlichen Missbrauch besteht

Wenn ein Kind sehr schwerem Stress ausgesetzt ist, sollten Sie die Eltern an eine entsprechende Beratungsstelle verweisen. Wer in den USA einen Verdacht auf Kindesmissbrauch hat, ist verpflichtet, dies einem Kinderschutzbund zu melden. Machen Sie sich jedoch klar, dass das Weinen natürlich nicht immer auf Missbrauch hinweisen muss – allerdings zeigt es, dass das Kind sich von Stress entlastet. Wie oben erwähnt, kann das Weinen jedoch zu körperlichem Missbrauch *führen*, wenn die Eltern überfordert sind, damit umzugehen, und sie nicht genügend Unterstützung bekommen. Körperlicher Missbrauch schafft einen Teufelskreis, weil er noch mehr Stress für das Kind bedeutet, so dass sein Bedürfnis zu weinen wächst, was wiederum die Wahrscheinlichkeit von Missbrauch steigen lässt.

Ich bin sicher, dass sich körperlicher Missbrauch von Kindern drastisch verringern lässt, wenn Eltern angemessene Unterstützung und Information über das Weinen bekommen. Vielleicht erweist sich das als *der* entscheidende Faktor, um diese Art von Gewalt abzubauen.

Eine nette Bemerkung kann viel bewirken

Wir alle können Eltern unterstützen, deren Kinder weinen. Manchmal reicht eine freundliche Bemerkung völlig aus. Wenn ich in der Öffentlichkeit erschöpften Eltern mit einem weinenden Kind begegne, versuche ich sie durch ein paar aufmunternde Worte aufzurichten. Ich habe festgestellt, dass die folgenden Sätze Eltern helfen, sich zu entspannen und ihr Kind mehr zu akzeptieren: »Ich glaube, Sie haben beide einen schweren Tag.« »Was für ein wunderschönes Baby (Kind) Sie haben!« »Es ist schwer, wenn sie so weinen, nicht?« »Ich wünschte, ich könnte auch so weinen!« Ich konnte einmal eine Mutter davon abhalten, ihren dreijährigen wütenden Sohn zu schlagen, indem ich einfach sagte: »Wie prächtig er schreien kann! Ich bin sicher, er bekommt nie Magengeschwüre!«

Zum Schluss

Wenn Kinder die Möglichkeit haben, sich von den Emotionen zu entlasten, die auf Traumen, Verlusten, Frustrationen und Ängsten beruhen, sind sie körperlich und geistig frei von den Auswirkungen von Stress und Trauma.

Die wichtigste Botschaft dieses Buches lautet, dass emotionale Probleme, Verhaltensauffälligkeiten oder stressbedingte Krankheiten nicht durch den Stress selbst verursacht werden, sondern durch die Unterdrückung des natürlichen Heilungsmechanismus, vor allem des Weinens und Wütens, die dem Zweck dienen, das körperliche und psychologische Gleichgewicht nach belastenden Ereignissen wiederherzustellen.

Selbst in der liebevollsten und positivsten Umgebung verläuft das Leben von Kindern nicht ohne Stress. Außerdem kann es überall und jederzeit zu unerwarteten traumatischen Ereignissen kommen. Trotz schwieriger Zeiten und schmerzlicher Erlebnisse können Kinder sich von Stress und Traumen durch den natürlichen Genesungsprozess heilen, den Tränen und Wutanfälle darstellen. So wird es ihnen möglich, sich zu emotional gesunden, wachen und lernbereiten, mitfühlenden, kooperativen und nicht gewalttätigen Persönlichkeiten zu entwickeln. Wenn wir uns daran erinnern, diesem Prozess zu vertrauen, können Menschen jeden Alters geheilt werden. Es ist nie zu spät, um anzufangen.

Anhang

Dank

Vielen Dank all den Menschen, die meine Workshops zu diesem Thema organisiert haben. Die Erfahrungen von hunderten von Eltern und Lehrerinnen und Lehrern haben mich ebenso zum Denken angeregt wie ihre gründlichen Fragen und gaben mir die Möglichkeit, das entsprechende Material noch präziser und klarer aufzubereiten. Mein besonderer Dank geht an meinen Mann Kenneth Solter, der sämtliche Fassungen des Manuskripts sorgfältig durchgegangen ist; an meinen Sohn Nicholas Solter für sein kluges Feedback; an meine Mutter Tonia Jauch, die geduldig meine Grammatik und Rechtschreibung verbessert hat; an meine Schwester Eldri Jauch, die mit ihrem Wissen viel zum Aufbau der verschiedenen Abschnitte beigetragen hat; und an meine Freundin und Kollegin Dr. Mary Galbraith für ihre redaktionellen Kommentare und weitere wertvolle Ratschläge. Dankbar bin ich auch Dr. Thomas Gordon, dem Autor der *Familienkonferenz*, der mich inspiriert und meine Arbeit unterstützt sowie das Vorwort zu diesem Buch geschrieben hat.

Anmerkungen

Teil I: Einige Informationen über Tränen und Wutausbrüche

1 Sulzer, J.: *Versuch von der Erziehung und Unterweisung der Kinder* (1748), zitiert in: Miller, A.: *Am Anfang war Erziehung,* Frankfurt/M.: Suhrkamp 1983, S. 25

2 Jones, S.: *Schreiende Babys – schlaflose Nächte,* Berlin: Urania, 11. Aufl. 1999

3 Kitzinger, S.: *Wenn mein Baby weint. Praktische Hilfen und Informationen für Eltern,* München: Kösel, 3. Aufl. 1993

4 Murray, A.: »Infant crying as an elicitor of parental behavior: An examination of two models«, in: *Psychological Bulletin,* 1979, 86, S. 191–215

Frodi, A.: »When empathy fails: Aversive infant crying and child abuse«, in: Lester, B.M. & Boukydis, C.F.Z. (Hrsg.): *Infant Crying: Theoretical and Research Perspectives,* New York: Plenum Press 1985

5 Weston, J.: »The pathology of child abuse«, in: Helfer, R. & Kempe, C. (Hrsg.): *The Battered Child,* Chicago: University of Chicago Press 1968

6 Piaget, J.: *Nachahmung, Spiel und Traum. Die Entwicklung der Symbolfunktion beim Kinde.* Gesammelte Werke, Bd. 5, Stuttgart: Klett-Cotta, 3. Aufl. 1993

7 Axline, V.M.: *Kinderspieltherapie. Im nicht-direkten Verfahren,* München: Ernst Reinhardt, 9., neugest. Aufl. 1997

Oaklander, V.: *Gestalttherapie mit Kindern und Jugendlichen,* Stuttgart: Klett-Cotta, 11. Aufl. 1995

Schaefer, C.E. & O'Connor, K.J. (Hrsg.): *Handbook of Play Therapy. Vol. 1: Personality Processes,* New York: John Wiley & Sons 1983

Dies.: *Handbook of Play Therapy. Vol. 2: Advances and Innovations,* New York: John Wiley & Sons 1994

Landreth, G.L. u.a.: *Play Therapy Interventions With Children's Problems,* Northvale: Jason Aronson 1996

O'Connor, K. & Braverman, L.M. (Hrsg.): *Play Therapy and Practice: A Comparative Presentation,* New York: John Wiley & Sons 1997

8 Fry, W.F., Jr.: »The physiological effects of humor, mirth, and laughter«, in: *Journal of the American Medical Association,* 1992, 267, 13, S. 1857 f.

Hubert, W. u.a.: »Film induced amusement changes in saliva cortisol levels«, in: *Psychoneuroendocrinology,* 1993, 18, S. 265–272

Goodheart, A.: *Laughter Therapy,* Santa Barbara, CA: Less Stress Press 1994

9 Honig, A.: »Stress and coping in children«, in: McCracken, J.B. (Hrsg.): *Reducing Stress in Young Children's Lives,* Washington, DC: NAEYC 1986

Greenberg, P.: *Character Development: Encouraging Self-esteem and Self-discipline in infants, toddlers, and two-year-olds,* Washington, DC: NAEYC 1991

10 Sapolsky, R.M.: *Warum Zebras keine Migräne kriegen. Wie Stress den Menschen krank macht,* München: Piper 1998

11 Van der Kolk, B.A.: *Psychological Trauma,* Washington, DC: American Psychiatric Press 1987

12 Irwin, M. u.a.: »Impaired natural killer cell activity during bereavement«, in: *Brain Behavior Immunology,* 1987, 1, S. 98–104

13 Sapolsky, R.M.: *Warum Zebras keine Migräne kriegen,* a.a.O.

14 Ebd.

15 Ebd.

16 Gross, J.J. u.a.: »The psychophysiology of crying«, in: *Psychophysiology,* 1994, 31, S. 460–468

17 Karle, W. u.a.: »Psychophysiological changes in abreaction therapy. Study I: Primal Therapy«, in: *Psychotherapy: Theory, Research and Practice,* 1973, 10, S. 117–122

Woldenberg, L. u.a.: »Psychophysiological changes in feeling therapy«, in: *Psychological Reports,* 1976, 39, S. 1059–1062

18 Frey, II, W.H. & Langseth, M.: *Crying: The Mystery of Tears,* Winston Press 1985

19 Ebd.

20 Van der Kolk, B.A.: *Psychological Trauma,* a.a.O.

21 Crepeau, M.T.: »A comparison of the behavior patterns and meanings of weeping among adult men and women across three health conditions« (Doctoral dissertation, University of Pittsburgh), *Dissertation Abstracts International,* 1980, 42, S. 137

22 Siegel, B.: *Prognose Hoffnung. Liebe, Medizin und Wunder,* München: Econ & List TB 1998

23 Doust, J.W.L. & Leigh, D.: »Studies in the physiology of awareness: The interrelations of emotions, life situations, and anoxemia in patients with bronchial asthma«, in: *Psychosomatic Medicine,* 1953, 15, S. 292–311

Graham, O.T. & Wolf, S.: »Pathogenesis of urticaria«, in: *Psychosomatic Medicine,* 1950, 13, S. 122

24 Breuer, J. & Freud, S.: *Studie über Hysterie,* Frankfurt/M.: Fischer TB 1991

25 Miller, A.: *Am Anfang war Erziehung,* a.a.O.

26 Pierce, R.A. u.a.: *Emotional Expression in Psychotherapy,* New York: Gardner Press 1983

27 Bergmann, T.: *Children in the Hospital,* New York: International University Press 1965

28 Van der Kolk, B.A.: *Psychological Trauma,* a.a.O.

29 Bowlby, J.: »The Nature of the Child's Tie to His Mother«, in: *International Journal of Psycho-Analysis,* 1958, 39, S. 350–373

30 Ders.: *Elternbindung und Persönlichkeitsentwicklung. Therapeutische Aspekte der Bindungstheorie,* Dexter 1994

31 Walant, K.: »Fostering Healthy Attachment«, in: *The Nurturing Parent*, Summer 1996 issue

32 Bowlby, J.: *Elternbindung und Persönlichkeitsentwicklung*, a.a.O.

33 Ders.: *Das Glück und die Trauer. Herstellung und Lösung affektiver Bindungen*, Stuttgart: Klett-Cotta 1982

34 Ders.: *Elternbindung und Persönlichkeitsentwicklung*, a.a.O.

35 Van der Kolk, B.A.: *Psychological Trauma*, a.a.O.

36 Brown, B. & Rosenbaum, L.: »Stress effects on IQ«. Dieses Papier wurde beim Treffen der American Association for the Advancement of Science 1983 in Detroit vorgestellt.

37 Brownlee, S. U.S.: *U.S. News and World Report* vom 11. November 1996

38 Sapolsky, R.M.: *Warum Zebras keine Migräne kriegen*, a.a.O.

39 Weissglass, J.: *Ripples of Hope: Building Relationships for Educational Change*, Santa Barbara, CA: University of California 1997

40 Jewett, C.: *Helping Children Cope With Seperation and Loss*, Boston: Harvard Common Press 1982

41 Batchelor, E.S., Jr. u.a.: »Classification rates and relative risk factors for perinatal events predicting emotional/behavioral disorders in children«, in: *Pre- and Perinatal Psychology Journal*, 1991, 5(4), S. 327–346

42 Mednick, S.A.: »Birth defects and schizophrenia«, in: *Psychology Today*, 1971, 4, S. 49

Roedding, J.: »Birth trauma and suicide: A study of the relationship between near-death experiences at birth and later suicidal behavior«, in: *Pre- and Perinatal Psychology Journal*, 1991, 6(2), S. 145–167

Janov, A.: *Frühe Prägungen*, Frankfurt/M.: Suhrkamp 1984

43 Emerson, W.R.: »Psychotherapy with infants and children«, in: *Pre- and Perinatal Psychology Journal*, 1989, 3(3), S. 190–217

Emerson, W.R. & Schorr-Kon, S.: »Somatotropic Therapy«, in: *Innovative Therapies*, London: Open University Press 1993

44 Levine, P.A.: *Trauma-Heilung. Die Energien des Lebens wiedererwecken,* Essen: Synthesis, 2. Aufl. 1999

45 Waal, N.: »A special technique of psychotherapy with an autistic child«, in: *Emotional Problems of Early Childhood,* New York: Basic Books 1955

Zaslow, R.W. & Breger, L.: »A theory and treatment of autism«, in: Breger, L. (Hrsg.): *Clinical-Cognitive Psychology: Models and Integrations,* New Jersey: Prentice-Hall 1969

Zaslow, R. & Menta, M.: *The Psychology of the Z-process: Attachment and activity,* San Jose State University Press, California 1975

Welch, M.G.: »Heilung vom Autismus durch die Mutter-und Kind-Haltetherapie«, in: Tinbergen, N. & E.A. (Hrsg.): *Autismus bei Kindern. Fortschritte im Verständnis und neue Heilbehandlungen lassen hoffen,* Berlin: Blackwell 1984

Prekop, J.: »Das Festhalten als Therapie bei Kindern mit Autismus-Syndrom. Anwendung der Therapie durch das ›Festhalten‹ nach Welch/Tinbergen. Teil 1«, in: *Frühförderung Interdisziplinär,* April–Juni 1983, Nr. 2, S. 54–64

46 Magid, K. & McKelvey, C.A.: *High Risk: Children Without a Conscience,* New York: Bantam Books 1987

Keck, G.C. & Kupecky, R.M.: *Adopting the Hurt Child,* Colorado Springs, CO: Pinon Press 1995

47 Siehe Anmerkung 46

48 Henderson, A.T. u.a.: »A hypothesis on the etiology of hyperactivity, with a pilot study report of related nondrug therapy«, in: *Pediatrics,* 1973, Vol 52, no.4, S. 625

Vorstr, de Wet.: »›Holding‹ als a therapeutic manoeuvre in family therapy«, in: *Journal of Family Therapy,* 1990, Vol. 12, no. 2, S. 189–194

49 *Diagnostic and Statistical Manual of Mental Disorders, Edition IV,* American Psychiatric Association 1994

50 Fischer, M.: »Parenting stress and the child with attention deficit hyperactivity disorder«, in: *Journal of Clinical Child Psychology,* 1990, Vol. 19, no. 4, S. 337–346

Bower, B.: »Hyperactivity: The Family Factor«, in: *Science News* vom 18. Juni 1988, S. 399

Biederman, J. u.a.: »Family-environment risk factors for attention-deficit hyperactivity disorder«, in: *Archives of General Psychiatry*, 1995, Vol. 52, no. 6, S. 464–470

51 Van der Kolk, B.A.: *Psychological Trauma,* a.a.O.

Stevens, J. u.a.: »Behavior disorders of childhood and the EEG«, in: *Archives of Neurology*, 1968, 18, S. 160–177

Jacobvitz, D. & Sroufe, L.: »The early caregiver-child relationship and attention-deficit disorder with hyperactivity in kindergarten: A prospective study«, in: *Child Development*, 1987, 58, S. 1496–1504

52 *Attention Deficit Hyperactivity Disorder*, in: National Institute of Health Publication, 1994, No. 94–3572

53 Welch, M.G.: *Die haltende Umarmung*, München: Ernst Reinhardt, 2. Aufl. 1997

54 Armstrong, T.: *The Myth of the A.D.D. Child: Fifty ways to improve your child's behavior and attention span without labels, drugs, or coercion*, Dutton 1995

55 Van der Kolk, B.A.: *Psychological Trauma*, a.a.O.

56 Hastrup, J. u.a.: »Crying frequency of 1-to-12-year-old boys and girls«. Dieses Referat wurde beim jährlichen Treffen der Eastern Psychological Association im März 1985 in Boston gehalten (zitiert in Frey, II, W.H. & Langseth, M.: *Crying*, a.a.O.)

57 Kottler, J.A.: *Die Sprache der Tränen. Warum wir weinen*, München: Diana 1997

58 Askew, S. & Ross, C.: *Boys Don't Cry: Boys and Sexism in Education*, Philadelphia: Open University Press 1988

Beal, C.: *Boys and Girls: The Development of Gender Roles*, New York: McGraw-Hill 1994

Miedzian, M.: *Boys Will be Boys: Breaking the Link Between Masculinity and Violence*, New York: Doubleday 1991

Silverstein, O. & Rashbaum, B.: *The Courage to Raise Good Men*, New York: Viking 1994

59 Frey, II, W.H. & Langseth, M.: *Crying,* a.a.O.

60 Hales, D.: »Psycho-immunity«, in: *Science Digest,* November 1981, S. 12 ff.

61 Carmen, E.H. u.a.: »Victims of violence and psychiatric illness«, in: *American Journal of Psychiatry,* 1984, 141, S. 378–379

Teil II: Wenn Babys weinen

1 Brazelton, T.B.: »Crying in infancy«, in: *Pediatrics,* 1962, 29, S. 579–588

2 Barr, R. u.a.: »Crying in !Kung infants: A test of the cultural specificity hypothesis«, in: *Developmental Medicine and Child Neurology,* 1991, 33, S. 601–610

3 Spock, B. & Rothenburg, M.B.: *Säuglings- und Kinderpflege,* 2 Bde., Berlin: Ullstein TB 1995

4 Jorup, S.: »Colonic hyperperistalsis in neurolabile infants«, in: *Acta Pediatrica Uppsala,* 1982, Supplement 85, S. 1–92

Wessel, M.A.: »Paroxysmal fussing in infancy, sometimes called ›colic‹«, in: *Pediatrics,* 1965, 14, S. 421–434

5 Kirkland, J.: *Crying and Babies: Helping Families Cope,* London & Dover, NH: Croom Helm Ltd. 1985

6 Sears, W. & M.: *The Baby Book: Everything you Need to Know About Your Baby From Birth to Age Two,* Little, Brown & Company 1993

7 Barr, R. u.a.: »Effect of formula protein change on crying behavior«, in: *Pediatric Research,* 1987, 21, S. A179

8 Jakobsson, I. & Lindberg, T.: »Cow's milk proteins cause infantile colic in breast-fed infants: a double-blind crossover study«, in: *Pediatrics,* 1983, 71, S. 268–271

9 Solter, A.: *Warum Babys weinen. Die Gefühle von Kleinkindern,* München: Kösel, 8. Aufl. 1998

10 deZegher, F. u.a.: »Properties of thyroid-stimulating hormone and cortisol secretion by the human newborn on the day of

birth«, in: *Journal of Clinical Endocrinology and Metabolism,* 1994, 79(2), S. 576–581

11 Lewis, M. & Ramsay, D.: »Stability and change in cortisol and behavioral response to stress during the first 18 months of life«, in: *Developmental Psychobiology,* 1995, 28(8), S. 419–428

12 Gunnar, M.R. u.a.: »Attachment, temperament, and adreno-cortical activity in infancy: A study of psycho-endocrine regulation«, in: *Developmental Psychology,* 1989, 25, S. 355–363

13 Verny, T. & Kelly, J: *Das Seelenleben des Ungeborenen,* Hamburg: Rogner & Bernhard, 19. Aufl. 1992

Chamberlain, D.B.: »Is there intelligence before birth?« In: *Pre- and Perinatal Psychology Journal,* 1992, 6(3), S. 217–237

14 Kitzinger, S.: *Wenn mein Baby weint,* a.a.O.

15 Janov, A.: *Frühe Prägungen,* a.a.O.

16 Emerson, W.R.: »Psychotherapy with infants«, in: *Pre- and Perinatal Psychology News,* 1987, 1(2)

17 Kitzinger, S.: *Wenn mein Baby weint,* a.a.O.

18 Bernal, J.F.: »Night waking in infants during the first 14 months«, in: *Developmental Medicine and Child Neurology,* 1973, 15(6), S. 760–769

19 Murray, A.D. u.a.: »Effects of epidural anesthesia on newborns and their mothers«, in: *Child Development,* 1981, 52, S. 71–82

20 Hunziker, V.A. & Barr, R.G.: »Increased carrying reduces infant crying: A randomized controlled trial«, in: *Pediatrics,* 1986, 77, S. 641–648

21 Glantz, K. & Pearce, J.: *Exiles from Eden,* New York: W.W. Norton & Company 1989

22 Thevenin, T.: *The Family Bed: An Age Old Concept in Childrearing,* Thevenin, T., Wayne, NJ: Avery Publishing Group, Inc., 1987

Liedloff, J.: *Auf der Suche nach dem verlorenen Glück. Gegen die Zerstörung unserer Glücksfähigkeit in der frühen Kindheit,* München: Beck 1987

Solter, A.: *Warum Babys weinen,* a.a.O.

Sears, W. & M.: *The Baby Book,* a.a.O.

23 Barnard, K.E.: »The effects of stimulation on the sleep behaviors of the premature infant«, in: Batty, M. (Hrsg.): *Western Journal for Communicating Nursing Research,* 1973, Vol. 6

24 Brazelton, T.B.: »Application of cry research to clinical perspectives«, in: Lester, B.M. & Boukydis, C.F.Z. (Hrsg.): *Infant Crying,* a.a.O.

25 Lester, B.M. & Boukydis, C.F.Z. (Hrsg.): *Infant Crying,* a.a.O.

26 Lewis, M. & Ramsay, D.S.: »Developmental changes in infants' responses to stress«, in: *Child Development,* 1995, 66(3), S. 657–670

Rosendahl, W. u.a.: »Surgical stress and neuroendocrine responses in infants and children«, in: *Journal of Pediatric Endocrinology and Metabolism,* 1995, 8(3), S. 187–194

27 Gunnar, M.R. u.a.: »The stressfulness of separation among nine-month-old infants: effects of social context variables and infant temperament«, in: *Child Development,* 1992, 63, S. 290–303

28 Frey, II, W.H. & Langseth, M.: *Crying,* a.a.O.

29 Konner, M.J.: »Aspects of the developmental ethology of a foraging people«, in: Blurton Jones, N. (Hrsg.): *Ethological Studies of Child Behavior,* Cambridge: Cambridge University Press 1972

30 Shostak, M.: *Nisa: The Life and Words of a !Kung Woman,* New York: Vintage Books 1981

31 deMause, L.: *The History of Childhood,* The Psychohistory Press 1974

32 Fagot, B.I. & Kronsberg, S.J.: »Sex differences: biological and social factors influencing the behavior of young boys and girls«, in: Moore, S.G. & Cooper, C.R. (Hrsg.): *The Young Child: Reviews of Research* (Vol 3), Washington, DC: National Association for the Education of Young Children 1982

33 Konner, M.J.: »Aspects of the developmental ethology of a foraging people«, a.a.O.

34 Mayr, D.F. & Boelderl, A.R.: »The Pacifier Craze: Collective Regression in Europe«, in: *The Journal of Psychohistory,* 1993, 21(2), S. 143–156

35 Kitzinger, S.: *Wenn mein Baby weint,* a.a.O.

36 Armstrong, T.: *The Myth of the A.D.D. Child,* a.a.O.

37 Mayr, D.F. & Boelderl, A.R.: »The Pacifier Craze«, a.a.O.

38 Kitzinger, S.: *Wenn mein Baby weint,* a.a.O.

39 Kirkland, J.: *Crying and Babies,* a.a.O.

40 Solter, A.: *Warum Babys weinen,* a.a.O.

Teil III: Wenn Kinder weinen und wüten

1 Solter, A.: *Warum Babys weinen,* a.a.O.

Dies.: *Wüten, toben, traurig sein. Starke Gefühle bei Kindern,* München: Kösel, 6. Aufl. 1999

2 Gordon, T.: *Familienkonferenz,* München: Heyne 1989

3 Elkind, D.: *Das gehetzte Kind,* Bergisch Gladbach: *Bastei-Lübbe 1992*

4 Gordon, T.: *Familienkonferenz,* a.a.O.

5 Wipfler, P.: *Listening: A Tool for Powerful Parenting,* The Parents Leadership Institute, 1989, P.O. Box 50492, Palo Alto, CA 94303

Solter, A.: *Wüten, toben, traurig sein,* a.a.O.

6 Cioffi, D. & Holloway J.: »Delayed costs of suppressed pain«, in: *Journal of Personality and Social Psychology,* 1993, 64(2) S. 274–282

7 Ainsworth, M.D.S.: »Social development in the first year of life: maternal influences on infant-mother attachment«, in: Tanner, J.M. (Hrsg.): *Developments in Psychiatric Research,* London: Tavistock 1977

8 Miedzian, M.: *Boys Will be Boys,* a.a.O.

9 Löfgren, L.B.: »On Weeping«, in: *International Journal of Psycho-Analysis,* 1966, 47, S. 375–381

10 Stone, J.G.S.: *A Guide to Discipline,* Washington, DC: National Association for the Education of Young Children 1969

11 Bowlby, J.: *Elternbindung und Persönlichkeitsentwicklung.* a.a.O.

12 Frank, A.: *Das Tagebuch der Anne Frank,* Frankfurt/M.: Fischer TB 1992

13 Sullivan, M.A. u.a.: »Post-hurricance adjustment of preschoolers and their families«, in: *Advances in Behavior Research and Therapy,* 1991, 13, S. 163–171

14 Udwin, O.: »Children's reactions to traumatic events«, in: *Journal of Child Psychology and Psychiatry,* 1993, Vol. 34, S. 115–127

Teil IV: Praktische Anwendungen

1 Solter, A.: *Warum Babys weinen,* a.a.O.

Dies.: *Wüten, toben, traurig sein,* a.a.O.

Gordon, T.: *Familienkonferenz,* a.a.O.

2 Gordon, T.: *Familienkonferenz,* a.a.O.

3 Fraiberg, S.: *Clinical Studies in Infant Mental Health,* New York: Basic Books 1980

4 Solter, A.: *Wüten, toben, traurig sein,* a.a.O.

Dies.: »The Disadvantages of Time-Out«, in: *Mothering,* 1992, No. 65

Dies.: »Time-Out: should you or shouldn't you?« In: *Parenting,* Oktober 1994

5 Glantz, K. & Pearce, J.: *Exiles From Eden,* a.a.O.

6 Ostwald, P.F. & Murry, T.: »The communicative and diagnostic significance of infant sounds«, in: Lester, B.M. & Boukydis, C.F.Z. (Hrsg.): *Infant Crying,* a.a.O.

Empfehlenswerte Bücher

Wenn Sie die Gedanken dieses Buches vertiefen möchten, finden Sie in den folgenden Büchern, Aufsätzen und Zeitschriften weitere Informationen über das Weinen und wie Sie Kindern gut zuhören können.

Warum Babys weinen von Aletha J. Solter: Das erste Buch der Autorin erschien erstmals 1984 und stellte einen Durchbruch im Verständnis der emotionalen Bedürfnisse von Babys dar. Hier wird detailliert beschrieben, wie Eltern mit ihrem Baby von Geburt an bis zum Alter von zweieinhalb Jahren umgehen können, wenn sie das Bedürfnis zu weinen erkennen und akzeptieren. Die deutschsprachige Ausgabe ist im Kösel-Verlag, München, erschienen (8. Auflage 1998).

Wüten, toben, traurig sein von Aletha J. Solter: Das zweite Buch der Autorin ist die Fortsetzung von *Warum Babys weinen* für die Altersgruppe zwischen zwei und acht Jahren. Die deutschsprachige Ausgabe ist ebenfalls im Kösel-Verlag, München, erschienen (6. Auflage 1999).

Familienkonferenz von Thomas Gordon, erschienen im Heyne Verlag, München, 1989. Dieses wichtige Buch beschreibt die grundlegenden Prinzipien des aktiven Zuhörens, von Ich-Botschaften und nicht strafenden Konfliktlösungsmöglichkeiten. Ein Klassiker, den alle Eltern lesen sollten. Weitere empfehlenswerte Bücher von Thomas Gordon sind *Teacher Effectiveness Training* und *Teaching Children Self-Discipline*. Es gibt auch ein Video zur Methode der Familienkonferenz (zu beziehen unter folgender Adresse: Gordon Training International, 531 Stevens Ave. West, Solana Beach, California 92075. Tel.: 001-800-628-1197 oder 001-619-481-8121).

Crying: The Mystery of Tears von William Frey II, und M. Langseth (Winston Press 1985): Dr. Frey, ein Biochemiker, beschreibt die Methoden, Ergebnisse und Schlussfolgerungen seiner Untersuchungen über Tränen und Weinen.
Für die Lektüre sind keine biochemischen Vorkenntnisse erforderlich.

Wenn mein Baby weint von Sheila Kitzinger (Kösel-Verlag, München, 3. Auflage 1993): Dieses Buch zitiert aus vielen interessanten Untersuchungen über das Weinen im Babyalter.

Helping Children Cope With Separation and Loss von Claudia L. Jewett (Harvard Common Press 1982): Die Autorin beschreibt die Gefühle von trauernden Kindern und macht konkrete Vorschläge, wie wir ihnen helfen können, ihre Trauer zu überwinden.

Die haltende Umarmung von Martha G. Welch (Ernst Reinhardt Verlag, München, 2. Auflage 1997): Die Psychiaterin Martha Welch beschreibt, wie Eltern mit Hilfe einer Haltetechnik Kindern effektiv helfen können, eine starke Bindung wiederherzustellen. Das therapeutische Halten, das sie beschreibt, schließt oft auch Weinen und Wüten mit ein.

The Wildest Colts Make the Best Horses von John Breeding (1996): Der Untertitel zu diesem Buch lautet: »The truth about Ritalin, A.D.H.D. and other Disruptive Behavior Disorders«. Hier werden Alternativen zur medikamentösen Behandlung von Kindern mit Konzentrationsstörungen oder Hyperaktivität vorgestellt, die auch die Methode einschließen, zuzulassen, dass Kinder sich von aufgestauten schmerzlichen Emotionen durch Weinen und Wüten entlasten (zu beziehen über John Breeding, 2503 Douglas Street, Austin, Texas 78741).

Listening to Children von Patty Wipfler: Diese sechs Aufsätze beschreiben den respektvollen Umgang mit den verschiedenen Formen emotionaler Entladung von Kindern, der auch das Zuhören einschließt. (The Parents Leadership Institute, P.O. Box 50492, Palo Alto, California 94303).

Our Children Ourselves, herausgegeben von Pamela Haines: Eine halbjährlich erscheinende Zeitschrift von und für Eltern, denen es darum geht, Kinder mit Respekt großzuziehen und ihnen zu erlauben, sich von schmerzlichen Gefühlen zu entlasten. Bereits erschienene Nummern können nachträglich erworben werden. (Our Children Ourselves, 919 S. Farragut Street, Philadelphia, Pennsylvania 19143.)

Sachregister

A

B

C

D

E

H

I

J

K

L